« C'est bref. C'est élémentaire. C'est évident. Mais la vérité est souvent ainsi. Lisez ce livre pour réapprendre ce que vous avez toujours su, et votre vie professionnelle en sera changée. »

– Bob Garfield, présentateur de l'émission *On The Media*

« Ce livre est au *Point de bascule* de Malcolm Gladwell ce que l'ingénierie est à la physique. Si vous voulez comprendre en profondeur les théories sociologiques expliquant les communications interpersonnelles, ce n'est pas le livre qu'il vous faut. En revanche, si vous voulez comprendre comment vous pouvez exploiter les communications interpersonnelles pour gérer votre entreprise, alors achetez ce livre. »

– David Godes, professeur à la Harvard Business School

« Un magnifique livre sur le bouche à oreille. Joliment écrit. »

– Jack Trout, auteur des ouvrages *Le positionnement : la conquête de l'esprit* et *Les 22 lois du marketing*

« Personne ne connaît le bouche à oreille (bon, mauvais, mesurable) mieux qu'Andy Sernovitz. »

– Peter Fader, professeur à la Wharton School of Business

« Il est facile de convenir que le bouche à oreille est important. Il est temps, cependant, d'étudier la manière dont il fonctionne et de savoir pourquoi il est si précieux pour nos clients. Commencez ou continuez votre découverte en lisant ce livre. »

– Bob Pearson, Dell

« Un livre bourré d'anecdotes, de conseils et d'exercices formidables pour que vous deveniez meilleur en marketing du bouche à oreille, quelle que soit la taille de la société pour laquelle vous travaillez. Lisez-le, vous accroîtrez votre influence sur vos clients et vous deviendrez plus influent dans votre société. »

– Ed Keller et Jon Berry,
auteurs de *The Influentials*

« Andy réunit tout parfaitement : la vision, la stratégie et le mode d'emploi pratique. Tout y est. »

– Geoff Ramsey,
PDG, eMarketer

« À mesure que je lisais *Le marketing du bouche à oreille*, je me sentais, par-dessus tout, soulagé. Soulagé de voir que nous avons enfin un auteur qui comprend la simplicité (et la complexité) du marketing, qui reconnaît que l'honnêteté est la seule politique viable pour un publicitaire et qui sait que, dans un monde plat et saturé d'informations, rien d'autre que le bon produit – un produit conçu en fonction des besoins des consommateurs – ne fera l'affaire. Sernovitz a réussi comme on le voit rarement à faire coup double en nous proposant un guide simple, tactique, dont n'importe qui peut se servir pour progresser dans ses efforts de communication tout en esquissant en même temps toute une nouvelle philosophie pour les hommes de marketing et les publicitaires, quels qu'ils soient. Et puis, ce monsieur a d'amusantes anecdotes et un style agréable à lire. Sérieusement, je sais que vous en avez par-dessus la tête de tous ces ouvrages de marketing, et moi aussi, mais avec celui-ci vous ne perdrez pas votre temps. »

– Jonah Bloom, rédacteur en chef,
Advertising Age

Retrouvez nos prochaines parutions, les ouvrages du catalogue, des interviews d'auteurs et les événements à ne pas rater. Votre avis nous intéresse : dialoguez avec nos auteurs et nos éditeurs. Tout cela et plus encore sur Internet à :

http://blog.editionsleduc.com

Traduit de l'anglais (États-Unis) par Marc Rozenbaum
Titre de l'édition originale : *Word of Mouth Marketing: How smart Companies Get People Talking*

Maquette : Sébastienne Ocampo

17, rue du Regard
75006 Paris – France
E-mail : info@editionsleduc.com
ISBN : 978-2-84899-547-2

ANDY SERNOVITZ

LE MARKETING DU BOUCHE À OREILLE

ZEN BUSINESS

LEDUC.S ÉDITIONS

S'il est au monde une seule chose pire
que d'être quelqu'un dont on parle,
c'est d'être quelqu'un dont on ne parle pas.

OSCAR WILDE,
Le Portrait de Dorian Gray

SOMMAIRE

PRÉFACE DE SETH GODIN

Les gens parlent d'Andy. Où qu'il aille, quel que soit le domaine, Andy Sernovitz suscite la conversation.

C'est son secret. Ne le révélez à personne (en réalité, allez-y : cela nous est égal). En suscitant une conversation, puis en créant des organisations qui facilitent la poursuite de la conversation, Andy prospère. Il est l'exemple vivant du pouvoir du bouche à oreille.

Ce n'est pas le premier livre sur ce sujet (j'ai écrit *Les secrets du marketing viral* en 2000, et même le mien n'était pas le premier). Ce ne sera probablement pas le dernier non plus. Mais ce que ce livre vous apporte, ce sont deux choses : tout d'abord, la vision d'Andy, peaufinée par un travail de terrain, année après année. Ensuite, une approche vraiment très simple, sans jargon, d'un sujet dont votre patron ne cesse pas de parler. Ne manquez pas de lui montrer le manifeste du chapitre 3, qui à lui seul fait toute la valeur de ce livre.

Avec le bouche à oreille, ce qui est nécessaire, et ce qu'Andy s'emploie à défendre, c'est un groupe de gens qui s'encouragent mutuellement à faire quelque chose de plus en plus remarquable, sans se figer, pour créer des choses dont il vaut la peine de parler.

Amusez-vous. Faites passer le mot.

Seth Godin
Auteur de nombreux livres dont
Êtes-vous indispensable ?, *La Vache pourpre* et *Tribus*.

AVANT-PROPOS

Ce livre s'adresse à quiconque a quelque chose à vendre. Il n'est pas destiné plus particulièrement aux sociétés dont les budgets sont faramineux. Les idées et les informations pratiques que vous trouverez ici seront tout aussi utiles à un teinturier, à un restaurateur ou à un dentiste qu'à une multinationale. Il n'est pas nécessaire d'être un génie du marketing ni un cadre en costume.

En effet, le marketing du bouche à oreille n'est pas du marketing. C'est un ensemble de techniques utiles à des personnes comme vous et moi, des techniques pour faire en sorte que les gens s'intéressent à vous et à votre activité ou à votre marchandise.

Dans ce livre, j'utiliserai le terme « produit » pour désigner les biens et les services mis sur le marché. Le marketing du bouche à oreille est efficace pour tout type de produit ou de service. Il est efficace également pour défendre une cause, pour promouvoir des idées, pour développer une association ou une œuvre de bienfaisance, pour tout ce dont vous voulez que l'on parle.

Cela fait longtemps que je fais du marketing ; or, je n'ai jamais géré un budget de marketing. Cela ne m'a pas empêché de vendre énormément. Chaque fois que j'ai réussi une vente, c'était aussi bien parce que j'avais fait preuve de créativité que parce que j'avais parlé à beaucoup de monde. À l'époque, je ne savais pas que cela s'appellerait un jour le marketing du bouche à oreille. Le principe est de se mêler à la conversation quotidienne des autres.

Le bon marketing est une chose facile

Une des choses les plus importantes que j'aie apprises est que le marketing du bouche à oreille peut être si facile et si évident que personne ne se rend compte à quel point il est facile et évident. Je reçois chaque jour des dizaines d'appels téléphoniques et d'e-mails de personnes qui me demandent comment débuter : des PME, des grandes entreprises, tout le monde. Il existe un certain nombre de bons ouvrages sur ce sujet, mais ce sont souvent des ouvrages spécialisés ou théoriques. Apparemment, il n'y avait pas, jusqu'à présent, de livre pratique d'initiation au marketing du bouche à oreille. Voilà qui est fait. Ce livre est rempli de petits trucs qui vous permettront de démarrer dès aujourd'hui. Vous y trouverez d'innombrables idées. Vous pouvez commencer par vous fixer un objectif aussi simple que trouver un nom approprié pour un produit, définir un service particulier, choisir un costume, rédiger un e-mail, ou devenir un peu plus aimable avec vos clients.

On me dit souvent qu'avec moi, le marketing semble trop simple. Je ne suis pas d'accord. Le marketing ne doit pas être difficile. Un bon marketing est toujours simple.

Ce livre ne traite pas de techniques avancées. Vous n'y trouverez aucune recette qui vous obligerait à louer des bureaux ou à dépenser beaucoup d'argent (je mentionnerai quelques méthodes coûteuses mais efficaces simplement pour que vous en connaissiez l'existence). Il existe de nombreuses entreprises qui peuvent vous aider à susciter un excellent bouche à oreille, et avec lesquelles je vous recommande de prendre contact.

Cependant, ce livre est là pour que vous puissiez réaliser *seul* votre marketing : il vous explique ce que vous pouvez faire vous-même pour que les gens parlent de votre entreprise. Vous vous en sortirez très bien.

Une promesse

Quand vous aurez lu ce livre, vous serez en mesure d'essayer tout de suite une des techniques que je présente, sans avoir à dépenser plus de 50 euros ou quelques heures de votre temps. Le lendemain, davantage de gens parleront de votre entreprise. Au bout d'une semaine, ils seront bien plùs nombreux encore à en parler. C'est là que vous pourrez aller de l'avant et donner une nouvelle dimension à votre projet.

INTRODUCTION

Les gens adorent parler. Les gens aiment parler des produits et des services. Les gens parlent de couleurs de cosmétiques, de voitures, d'ordinateurs, de sandwichs, d'émissions de télévision et de machines à laver, de tout ce dont ils se servent tous les jours.

Des gens parlent déjà de vous et de ce que vous vendez. Ce peut être une mention occasionnelle. Ce peut être une attaque virulente sous forme de commentaire publié sur le site Amazon, que des millions de gens liront avant de décider d'acheter ou non votre produit.

Ce peut être aussi quelque chose de bien plus appréciable. Il se peut que des gens expliquent à leurs amis combien ils adorent ce que vous faites, et qu'ils s'efforcent de les convaincre d'essayer votre produit. Il se raconte peut-être que vous êtes meilleur que les autres et qu'il est merveilleux de faire affaire avec vous.

Ces gens racontent peut-être tout cela à leurs voisins, ou bien ils l'écrivent sur leur blog, ou sur le site d'Amazon où des millions de gens liront leurs commentaires et décideront d'acheter votre produit. C'est bien entendu ce que vous aimeriez. Et c'est vraiment facile à obtenir.

Le marketing du bouche à oreille consiste à faire en sorte que de telles conversations aient lieu.

Peu importe que vous vendiez des biens immobiliers, de la confiture ou des moteurs d'avions. Des gens vont parler de vous avant de décider de vous acheter ce que vous avez à vendre. Quand nous envisageons un achat, c'est d'abord vers les personnes en qui nous avons confiance que nous nous tournons : nos amis, nos proches, nos collègues, etc. La publicité, les brochures et les annuaires sont secondaires.

Finalement, qu'est-ce exactement que le marketing du bouche à oreille ? Dans ce livre, j'en propose la définition suivante : « Donner aux gens une raison de parler de votre produit et faire que cette conversation puisse plus facilement avoir lieu. »

Au bout du compte, le marketing est quelque chose de facile : si les gens aiment votre produit et s'ils vous font confiance, ils conseilleront à leurs amis de faire affaire avec vous. Sachez satisfaire véritablement vos clients. C'est à peu près tout ce qui importe.

Assimilez cette idée, adoptez-la, et vous réussirez dans le marketing du bouche à oreille.

Ce n'est pas seulement du marketing

Ce livre est consacré à une technique de marketing spécifique, mais il ne s'agit pas vraiment d'une nouvelle philosophie des affaires. Il s'agit d'honnêteté et de respect. Il s'agit de satisfaire les gens et de les rendre heureux.

C'est une philosophie simple, une nouvelle règle d'or :

Faites-vous respecter et recommander par vos clients, et ils feront le reste.

- Traitez bien les gens, et ils feront votre marketing à votre place, gratuitement.
- Soyez intéressant, ou soyez invisible.

Lorsque les gens vous font confiance, ils sont disposés à dire du bien de vous. Sachez leur plaire, les inspirer, et ils vous enverront leurs amis.

Quelles sont vos autres possibilités ? Les ennuyer, et être obligé de dépenser des millions en publicité pour tenter de les intéresser. Ou bien les décevoir, et les voir s'éloigner de vous, emmenant leurs amis avec eux.

La publicité, c'est la contrepartie de l'ennui qu'on inspire.

Quand vos clients ne parlent pas de ce que vous vendez, vous êtes obligé de payer les journaux et la télévision pour qu'ils en parlent. C'est pour cette raison qu'on voit tant de publicités pour les céréales et pour les dentifrices.

Le marketing du bouche à oreille, ce n'est pas simplement du marketing. C'est ce qui fait que votre produit et votre entreprise méritent qu'on en parle.

Comment faire pour mériter qu'on parle de vous ?

Un contexte équitable

Le marketing du bouche à oreille est efficace pour toutes sortes d'entreprises, quelle que soit leur taille. Vous n'avez pas besoin de disposer d'un site Internet extraordinaire, d'exercer une activité particulièrement sexy ni d'être spécialisé dans une technologie très innovante. Vous pouvez exploiter le marketing du bouche à oreille à votre échelle, au sein d'une grande organisation, comme vous pouvez l'exploiter à l'échelle d'un petit magasin sans budget publicitaire.

Il vous suffit de fournir aux gens un sujet de conversation.

Pour ma part, j'adore le salon de coiffure Mario's Barbershop à Chicago. Quand j'y étais allé avec mon fils âgé de 4 ans, on m'avait offert un cocktail, et on avait offert à mon fils une petite voiture. C'est un endroit convivial pour les hommes. Ce n'est pas pour boire qu'on y va, mais c'est toujours un plaisir de discuter avec Mario, Zoran et Bobby.

Cela nous donne une raison de parler. J'en parle avec d'autres pères à l'école. Le sujet revient dans les soirées. C'est la première chose qui vient à l'esprit lorsque quelqu'un parle d'un coiffeur.

Le résultat de ces conversations est que tous les samedis, des pères et leurs gamins font la queue devant le salon de coiffure de Mario (pendant qu'une boutique Supercuts – chaîne de salons de coiffure – située dans le même pâté de maisons reste déserte).

Lorsque j'étais célibataire, il n'y avait pas mieux pour les sorties que le restaurant Otello's, à Washington. Chaque fois que j'arrivais accompagné, le patron venait me saluer ainsi : « Ah, cela fait vraiment plaisir de vous revoir. Nous sommes si heureux que vous veniez. » Bien évidemment, il ne savait pas du tout qui j'étais. Après le dîner, il nous offrait deux verres d'un vin bon marché. Cet homme savait vous faire passer pour quelqu'un dans le coup.

Comme vous vous en doutez, beaucoup de gens se faisaient recommander cet établissement.

Il existe des centaines d'exemples de moyens simples pour faire en sorte qu'on parle de vous (et la plupart du temps, l'alcool n'est pas nécessaire).

Seth Godin, dans son livre *La Vache pourpre*, appelle cela être « remarquable ». Remarquable signifie digne de remarques, méritant qu'on en dise quelque chose. C'est le principe même du marketing du bouche à oreille.

Il ne s'agit pas d'Internet

L'une des principales erreurs de perspective concernant le marketing du bouche à oreille consiste à croire que tout se passe en ligne. Internet et ses nouvelles applications sont bien évidemment pour beaucoup dans l'essor soudain du marketing du bouche à oreille. Les blogs et les réseaux sociaux jouent un rôle important, sachant qu'ils permettent à beaucoup de personnes de partager des idées.

Cependant, tout cela ne constitue que 20 % environ du bouche à oreille. Mais ces 20 % vont bien souvent alimenter les 80 % de conversations en face à face.

Je prie donc le lecteur de m'excuser si je me réfère souvent à des choses que l'on peut faire avec Internet. C'est là qu'on trouve de bons exemples. Si je parle des blogs et des communautés virtuelles, c'est parce que le marketing du bouche à oreille y est très visible : il se présente sous forme d'écrits accessibles à tous. Les recommandations que vous lirez concernent souvent des choses que vous pouvez faire en ligne, car c'est le moyen le plus facile d'atteindre les gens.

Cependant, le bouche à oreille ne se limite absolument pas au Web ni aux activités commerciales en ligne.

Le véritable bouche à oreille se propage d'un espace à un autre. Vous venez de découvrir un bon restaurant. Vous en parlez à vos collègues. L'un d'eux transmet l'information par e-mail à son épouse. Celle-ci la retransmet à des amis, et ces amis vont y déjeuner avec d'autres amis. Ces derniers en parlent à leur tour à des amis au cours d'une soirée, puis un de ces amis mentionne ce restaurant sur un blog. Un des lecteurs du blog propose à un de ses copains d'essayer ce restaurant. Ils en rédigent ensuite une critique, qu'ils publient sur Internet. Et ainsi de suite.

Le marketing du bouche à oreille nous rend plus honnêtes

C'est ici que la situation devient intéressante. Le marketing du bouche à oreille n'est efficace que pour des produits ou des services de bonne qualité. Il faut que les gens vous apprécient et vous fassent confiance (dans le cas contraire, le bouche à oreille se retournera contre vous).

Si le produit ou le service que vous proposez laisse à désirer, aucune campagne de relations publiques, aucun spot publicitaire, aucune annonce sur votre site Internet ne fera croire le contraire aux consommateurs. Ce n'est plus possible, et, avec Internet, le bouche à oreille permet de propager très vite la vérité.

Lorsque le bouche à oreille est efficace, c'est beaucoup de publicité gratuite et davantage de profits pour les bons producteurs et les bons prestataires.

Et quand le marketing du bouche à oreille est efficace, il punit aussi les mauvais produits et les mauvaises entreprises en propageant sur eux de l'information négative, et ces entreprises perdent des clients.

Songez aux implications de tout cela pour vous et pour votre famille. Nous avons une nouvelle force sociale qui récompense les entreprises par une publicité gratuite, par des ventes et par des profits, quand elles traitent bien les clients et commercialisent de bons produits.

Quant aux entreprises qui traitent mal leurs clients, la même force les empêche de continuer à le faire en provoquant l'écroulement de leurs ventes.

Pour la première fois dans l'histoire des entreprises modernes, nous voyons à l'œuvre une force bénéfique qui est aussi alimentée par la recherche du profit. Cela fait longtemps que les autorités de réglementation et les organismes de défense des consommateurs s'efforcent d'obtenir, par des moyens légaux et par la pression publique, que les entreprises traitent bien les gens. Je serais prêt à parier que la motivation du profit est plus efficace pour obtenir ce résultat.

C'est la raison pour laquelle le marketing du bouche à oreille est si intéressant. Tout le monde peut le pratiquer. Il permet de gagner de l'argent. Il contribue à la qualité des produits et des services. Il rend le monde de l'entreprise plus honnête et plus moral.

C'est une bonne chose pour chacun d'entre nous.

Tout le monde parle de vous

Il vous faut l'admettre, on parle de vous, que cela vous plaise ou non. Les conversations vont bon train, et vous pourriez tout aussi bien y participer.

Une bonne partie de ces conversations a lieu sur Internet. Des centaines de milliers de gens écrivent sur des blogs, des millions publient des commentaires, et tout le monde lance sur Google des requêtes vous concernant.

Cependant, il se passe plus de choses encore dans le monde réel. Il en a d'ailleurs toujours été ainsi. Chacun de nous, avant de faire un achat, en parle à un ami ou à un proche. Avant de nous rendre dans un magasin ou dans un restaurant, nous écoutons l'avis d'un membre de notre entourage. Nous ne faisons pas que demander des conseils, nous formulons aussi nous-mêmes des recommandations, en fonction de ce que nous avons aimé et de ce que nous n'avons pas aimé.

Qu'en est-il des commentaires négatifs ? Des gens disent-ils du mal de vous ? Trop tard : si cela doit se produire, cela se produira. Cela s'est sans doute déjà produit, à moins que vous soyez la perfection incarnée.

La publicité, c'est le prix à payer quand on est ennuyeux.

Vous n'avez donc que deux possibilités : laisser les gens parler de vous et répandre des rumeurs sur votre compte, ou bien participer et faire en sorte que ces conversations vous soient profitables.

Évidemment, c'est inconfortable.

La première fois que vous parcourez les blogs pour y chercher le nom de votre produit, c'est généralement une vraie surprise. C'est un peu comme si, lors d'une soirée très animée, tous les invités s'arrêtaient soudain de rire pour vous fixer des yeux.

Ici, la situation est cependant différente, car tout le monde attend que vous preniez part à la conversation. La porte est ouverte, les gens sont à l'écoute et ne demandent pas mieux que de vous voir arriver. Par conséquent, lancez-vous !

Le bon côté de la chose est que plus vous participerez, plus la conversation prendra de l'ampleur et plus on parlera de vous. Alimentez donc la conversation, mettez-y votre produit, et elle sera dynamique et positive. C'est bien le propos de ce livre : apprendre la bonne façon de participer et tirer le meilleur parti de cette magnifique opportunité.

NOTE AU LECTEUR

Comment commencer

Lisez ce livre, puis mettez en application quelques-unes des suggestions qu'il contient. Il ne faudra pas plus de quelques jours pour que les gens commencent à parler de vous.

Puis, mettez en pratique quelques autres idées de ce livre. Davantage encore de gens se mettront à parler de vous.

Enfin, dès que vous en aurez la possibilité, réfléchissez à la philosophie qui sous-tend le marketing du bouche à oreille (chapitre 2). C'est un petit peu plus compliqué et ce n'est pas aussi immédiat, mais c'est plus important.

Quand ces idées prendront forme, tout le monde parlera de vous et votre entreprise sera respectée. On vous aimera davantage. Vous aussi, vous vous aimerez davantage, et vous aimerez votre entreprise davantage.

Et c'est une perspective très enthousiasmante.

Des exemples, des histoires et des données

Ce livre regorge d'anecdotes, d'histoires et d'exemples qui sont en principe authentiques mais pas toujours vérifiables. J'en ai entendu un certain nombre par le bouche à oreille.

Par ailleurs, vous n'y trouverez pas beaucoup de chiffres ni de statistiques. C'est de ma part un choix délibéré.

Les phénomènes et les tendances dont il est question ici ont été analysés dans de nombreux ouvrages et articles. Les travaux de recherche sur le bouche à oreille sont aussi une abondante source de données.

Cependant, dans le contexte de ce livre, l'important n'est pas là. L'important est de comprendre, grâce à des exemples, la magie du bouche à oreille et la façon dont vous pouvez vous-même l'exploiter. Les détails comptent moins que les leçons.

Ce livre traite de choses simples et pratiques qui sont à votre portée. Ce n'est ni une étude de cas ni un manuel. C'est l'histoire d'un nouveau genre de marketing plus facile, plus efficace et plus accessible à l'entrepreneur ou au commerçant lambda. Dans cette histoire, il peut arriver que des chiffres interviennent.

Après la parution de ce livre dans sa première édition aux États-Unis, tout le monde se posait deux questions importantes, c'est pourquoi j'ai ajouté un complément :

- Est-ce que cette méthode est aussi efficace pour le marketing en B to B (*business-to-business* / entreprise à entreprise) ? (La réponse est oui.)
- Que faire face à un bouche à oreille négatif ? (Réponse : sourire.)

En outre, s'agissant d'un livre pratique, j'ai ajouté des fiches de travail pour que vous puissiez élaborer vos propres plans de marketing du bouche à oreille. J'ai aussi ajouté de nouvelles études de cas et d'autres exemples.

Aller encore plus loin

Vous trouverez des bonus à ce livre sur le blog Zenbusiness.fr, ainsi que de nombreux outils bien utiles. Vous pouvez aussi lire le site du livre (www.wordofmouthbook.com) et le blog de l'auteur (www.damniwish.com), tous deux en anglais.

PARTIE 1
LES CONCEPTS CLÉS

1

Qu'est-ce que le marketing du bouche à oreille ?

Faites parler les gens

La définition du marketing du bouche à oreille est la suivante :

1. Donner aux gens une raison de parler de votre produit.
2. Faire en sorte de faciliter ce genre de conversations.

Plus simplement encore : il s'agit de tout ce que vous pouvez faire pour faire parler les gens.

Si vous aimez les acronymes, voici de quoi il s'agit : le marketing du bouche à oreille, c'est du marketing C to C (*consumer-to-consumer* / client à client). Vous avez entendu parler du marketing B to B (*business-to-business* / entreprise à entreprise) et du marketing B to C (*business-to-consumer* / entreprise à client). Avec le marketing du bouche à oreille, on fait parler de vraies personnes ensemble – client à client (C to C) – au lieu de laisser parler les professionnels du marketing.

En fait, il s'agit plutôt d'un marketing B to C to C. Votre job est de livrer une idée qui vaut la peine d'être discutée. C'est ça, le marketing. Lorsqu'une personne réelle la répète, c'est du bouche à oreille. Puis vient une deuxième personne et ainsi de suite.

Juste après la naissance de notre fils, ma femme et moi étions tombés sur une publicité pour un spectacle hebdomadaire dans le cinéma le plus proche de chez nous, où l'on incitait les gens à amener leurs bébés. Imaginez les cris et les couches à changer dans la salle !

Eh bien, quelle bonne idée c'était ! Quand vous devenez parent, vous vous rendez compte que vous n'aurez sans doute plus l'occasion de retourner au cinéma avec votre conjoint avant que vos enfants soient assez grands pour revendiquer leur indépendance.

Quelle est la première chose que nous avons faite ce jour-là ? Nous avons proposé à tous nos voisins qui avaient de jeunes enfants de venir avec nous. La publicité que nous avions vue, c'était du marketing traditionnel ; et les douze conversations que nous avons eues avec d'autres parents, c'était du marketing du bouche à oreille dans sa forme la plus typique.

Tout est dans le terme « marketing »

Le bouche à oreille existe depuis toujours. Ce qui est nouveau, c'est le marketing.

Le marketing du bouche à oreille consiste à utiliser le bouche à oreille à des fins de marketing. Le marketing du bouche à oreille est une nouvelle spécialité pratique, qui se prête à l'étude et à la planification comme toutes les autres formes de marketing.

Le bouche à oreille, c'est la conversation naturelle entre des personnes réelles. Le marketing du bouche à oreille intervient dans cette conversation de telle sorte que l'on parle de vous.

Le bouche à oreille est constitué de conversations réelles entre consommateurs. Le marketing du bouche à oreille consiste à prendre part à ces conversations, mais sans jamais se livrer à la moindre manipulation, au moindre simulacre, sans jamais porter atteinte de quelque manière que ce soit à l'honnêteté sous-jacente.

Pourquoi maintenant ?

Si le bouche à oreille existe depuis toujours, il doit y avoir une raison pour que les professionnels du marketing aient commencé un beau jour à s'y intéresser.

Ce qui a changé, c'est que désormais, nous pouvons en faire quelque chose. En effet, le bouche à oreille, qu'auparavant on pouvait seulement observer, est devenu une chose sur laquelle il est possible d'avoir une influence. Le marketing du bouche à oreille est devenu la forme de marketing qui connaît la croissance la plus rapide, car nous avons aujourd'hui les outils et la connaissance pour nous en servir.

Jusqu'à il y a quelques années, on attendait de voir apparaître spontanément un bouche à oreille positif. On pouvait organiser une vente spéciale ou un coup publicitaire, et on espérait que les gens en parleraient.

Aujourd'hui, nous pouvons travailler avec ceux qui ont envie de parler de nous et faire en sorte que leurs idées atteignent un vaste public. Nous pouvons nous servir d'Internet pour donner considérablement plus de visibilité à une conversation.

Nous sommes aussi, désormais, en mesure de suivre et de mesurer cette conversation.

Grâce en partie aux blogs et aux moteurs de recherche, nous pouvons savoir qui dit quoi sur nous. Nous pouvons suivre la discussion et la comprendre. Nous pouvons savoir qui parle, et pourquoi. Ce n'est plus un mystère.

Selon ma légende familiale, mon grand-père Gene aurait été le premier à engager sur scène un adolescent nommé Elvis Presley. Il travaillait dans un grand magasin à Memphis et ce garçon jouait de la guitare à l'arrière d'un camion, sur le parking. Je suis sûr que c'était un sujet de conversation, mais à l'époque, cela n'allait pas très loin.

Aujourd'hui, les choses se passeraient un peu différemment. Le concert serait annoncé sur Internet. Un e-mail serait envoyé à tous ceux qui discutent de musique sur les blogs de la région. Des prospectus et des invitations gratuites seraient distribués aux lycéens des environs. Des invitations seraient également incluses dans des e-mails. On pourrait essayer d'engager un orchestre avec l'appui d'un grand média pour qu'il y ait davantage de fans. Toutes ces ressources faciles et peu coûteuses seraient mises à contribution pour faire parler les gens.

Plus loin, je présenterai ces techniques plus en détail et je vous expliquerai comment vous pouvez les utiliser à votre profit.

C'est plus que du marketing (ou peut-être n'est-ce pas du tout du marketing)

Dans bien des cas, le marketing du bouche à oreille n'est pas vraiment affaire de marketing. Il s'agit plutôt d'un service à la clientèle suffisamment performant pour donner aux gens l'envie de parler de vous à leurs amis. Cela concerne des produits que les gens ont envie de montrer à tout le monde

C'est ce que l'on appelle le bouche à oreille naturel : un bouche à oreille qui est la conséquence naturelle des qualités positives de votre entreprise. Pour un certain nombre de spécialistes, c'est la seule forme légitime de bouche à oreille.

L'autre type de bouche à oreille est le bouche à oreille amplifié : un bouche à oreille lancé délibérément au moyen d'une campagne, pour que les gens en parlent.

Pour ma part, je préfère le bouche à oreille naturel, mais nous allons étudier l'un et l'autre. J'aime l'idée que les consommateurs récompensent les entreprises qui ont gagné leur respect grâce à un bon bouche à oreille. Un produit assez intéressant pour que les gens ne puissent pas s'empêcher d'en parler, je ne connais rien de mieux. Des consommateurs qui se donnent eux-mêmes la peine de soutenir une entreprise qu'ils aiment, c'est ce que l'on peut imaginer de meilleur.

TiVo* en est un exemple type. Cette société n'est pas connue pour ses campagnes de publicité. D'ailleurs, TiVo a rarement recouru à la publicité. Et cependant, aux États-Unis, tout le monde connaît TiVo.

Les clients heureux sont vos meilleurs agents publicitaires.

Les dirigeants de TiVo sont des passionnés. Ils ne cessent jamais de parler de leurs produits. Ils sont capables de vous entraîner jusque dans leurs salons pour vous faire une démonstration. Parce qu'ils adorent leurs produits, ils en font la promotion au moyen du bouche à oreille.

On peut voir la même passion chez ceux qui aiment les ordinateurs Apple, les meubles Ikea ou les chaussures Camper.

Le bouche à oreille naturel est ce que vous obtenez quand vos produits inspirent à vos clients un tel attachement envers votre entreprise qu'ils ne peuvent pas s'empêcher d'en parler autour d'eux.

---

* TiVo, Inc. est une entreprise américaine dont le principal produit est TiVo, un magnétoscope numérique qui permet d'enregistrer les programmes TV sur disque dur.

Parfois aussi, le meilleur bouche à oreille est la conséquence d'un service à la clientèle exceptionnel, comme dans le cas de Darty en France et de son célèbre service après-vente ou d'Amazon avec ses frais de port offerts quel que soit le montant de vos achats.

Pour ma part, j'accepte de payer un peu plus cher mes abonnements de téléphonie mobile et d'Internet, parce que mes fournisseurs d'accès répondent à mes appels dès la première sonnerie, et parce qu'ils résolvent généralement mes problèmes dès le premier appel.

Bien sûr, à ceux qui me demandent mon avis, je ne manque pas de conseiller ces prestataires, et je leur dis qu'ils seraient fous d'en préférer d'autres.

À Fairfield, dans l'Iowa, il existe un fameux prestataire de téléconférences appelé Conference Calls Unlimited. Tous ces services se ressemblent beaucoup, et il est difficile pour un prestataire de se distinguer des autres. C'est un métier plutôt ennuyeux, et la publicité coûte cher et est peu rentable quand on vend la même chose que tous ses concurrents.

Mais alors, qu'ont fait les dirigeants de cette société ? Ils ont renoncé à la publicité. Ils ont concentré tous leurs efforts sur le service à la clientèle. Ce sont des gens qui sont prêts à tout faire pour vous. Travailler avec eux est plus agréable et plus intéressant qu'on ne pourrait l'imaginer, malgré la banalité de ce qu'ils vendent.

Comme vous pouvez l'imaginer, le bouche à oreille dont ils bénéficient est extraordinaire. Ce livre n'est pas le premier à parler de cette toute petite société.

Le marketing traditionnel n'est plus le moyen sûr de progresser. Il peut vous rassurer davantage, mais pour un nombre croissant d'entreprises, il devient de moins en moins efficace. Il est temps de rendre vos clients heureux, de gagner leur confiance et leur respect, et de faire en sorte qu'ils parlent de votre produit.

Les 4 règles du marketing du bouche à oreille

Règle n° 1 : soyez intéressant

Personne ne parle des entreprises qui ne sont pas intéressantes, des produits qui n'ont rien d'attirant, ni des publicités ennuyeuses. Si vous voulez faire parler de vous, vous devez trouver quelque chose d'original. N'importe quoi. Si vous êtes ennuyeux, aucune conversation ne vous sera consacrée. Votre bouche à oreille tombera à plat (il se réduira même à néant, sans que personne n'y fasse attention).

Avant de préparer une campagne publicitaire, avant de lancer un produit, avant d'apporter quelque chose de nouveau sur le marché, posez-vous cette question magique : quelqu'un ira-t-il en parler à l'un de ses amis ?

À New York, tout le monde conseille le restaurant Carnegie Deli avec ses sandwichs au bœuf de 18 cm de haut. Ces sandwichs au bœuf resteraient les meilleurs du monde même s'ils avaient une taille normale, mais c'est parce qu'ils sont énormes que des centaines de touristes ressortent chaque jour de ce restaurant en parlant autour d'eux d'une des plus grandes curiosités de New York.

À New York toujours, il existe sans doute des centaines de cireurs de chaussures, mais tout le monde va chez Eddie's, à Grand Central Station. On se donne le mot entre amis, et les gens font le détour (et croisent de nombreux cireurs tout aussi bons). Pourquoi ? Parce que chez Eddie's, on s'assoit dans d'énormes chaises à l'ancienne, confortables, en cuir rouge. Pendant quelques minutes de tranquillité passées sur ces chaises en fin de journée, on se sent comme un roi.

Donnez aux gens une raison de parler de vous.

Et surtout, je vous en supplie, réfléchissez une minute avant d'augmenter votre budget publicité.

Songez à la somme que vous vous disposez à dépenser. Songez à ces centaines d'annonces et d'affiches publicitaires que la plupart des gens, vous y compris, ne remarquent même pas.

Ne faites pas plus de publicité, sauf s'il y a vraiment matière à faire parler de vous.

Règle n° 2 : rendez les choses faciles

Le bouche à oreille est fainéant. Si vous voulez qu'il mène à quelque chose, il faut lui faciliter la tâche.

Vous devez faire deux choses : trouver un message archi-simple et faciliter sa propagation.

Commencez par trouver une idée facile à mémoriser, par exemple : « Nos logiciels n'ont jamais de bug », « Ici, du chocolat à la crème » ou « On vous sert l'apéritif pendant qu'on prépare votre table », ou encore « Le nom de notre produit est stupide, mais ça marche carrément » (il faut que tout tienne en une seule phrase, sinon ce sera oublié ou altéré).

Nous pensons tous que Steve Jobs était le plus grand informaticien qui ait jamais vécu. Qu'a-t-il donc fait quand il est revenu chez Apple en 1996 avec pour mission de sauver une société en mauvaise posture ? A-t-il envisagé de développer un système d'exploitation ou des logiciels exceptionnels ? Pas du tout. Sa grande idée a été de commercialiser des ordinateurs aux couleurs très gaies. Tout le monde en a parlé. C'est ce qui a permis de relancer un bouche à oreille positif à propos d'Apple. Chacun avait désormais un sujet de conversation simple et intéressant à partager avec ses amis. Une fois émoustillés par le côté charmant de ces ordinateurs colorés, les gens étaient disposés à s'intéresser à leurs caractéristiques.

Une fois que vous avez trouvé une bonne idée de bouche à oreille, cherchez de quelle manière vous pourriez en faciliter le fonctionnement. Les possibilités sont nombreuses. Il existe diverses façons de rendre une idée transmissible. Une annonce sur un site Internet ou dans un magazine, c'est un élément fixe, tandis qu'une annonce dans un e-mail ou sur un réseau social, c'est un mouvement qui est lancé.

Règle n° 3 : rendez les gens heureux

Les consommateurs heureux sont vos meilleurs agents publicitaires.

Impressionnez-les. Créez des produits surprenants. Assurez un excellent service. Faites-en plus. Faites quelque chose de remarquable. Résolvez les problèmes. Veillez à ce que votre travail donne aux gens l'envie et l'énergie d'en parler à leurs amis.

Quand les gens vous aiment, ils veulent partager cet amour avec leurs amis. Ils veulent vous aider, soutenir votre activité et permettre à leur entourage d'en profiter également. Vous obtiendrez davantage de bouche à oreille en rendant les gens heureux que par n'importe quel autre moyen.

En 1999, 60 000 automobilistes se sont rendus à Spring Hill, dans le Tennessee, au volant de leur Saturn, pour rencontrer les gens qui les fabriquaient. Or, la Saturn est un modèle de voiture américain inintéressant au possible !

Il s'agissait d'une formidable stratégie de bouche à oreille, mais qui n'aurait rien donné si tous ces gens n'avaient pas fait confiance à cette marque. Ils aimaient vraiment ce fabricant. Ils aimaient son attitude. Ils appréciaient la manière dont les concessionnaires et les vendeurs de la marque s'occupaient d'eux, ainsi que la politique franche de la société. Ils étaient impressionnés de recevoir deux fois par an un courrier amical comportant des instructions pour régler l'horloge à l'heure d'été.

Ils en parlaient donc à leurs amis. Ils soutenaient une entreprise qui les avait soutenus.

Intéressons-nous à un grand mystère actuel. Pourquoi certains aiment-ils tant tel ou tel magasin ? Je n'essaierai pas de l'expliquer, mais beaucoup de personnes adorent aller dans un Starbucks ou un Virgin, même lorsqu'ils sont en vacances et qu'ils pourraient découvrir d'autres endroits. Il faut dire qu'on y trouve des produits intéressants à des prix honnêtes, que ces magasins sont bien tenus et qu'on y sent un état d'esprit agréable.

Ma femme est fan des magasins Target aux États-Unis parce qu'on y trouve vraiment de tout, et elle en parle à tout le monde.

Règle n° 4 : gagnez la confiance et le respect

Celui qui n'est pas respecté n'obtient pas un bouche à oreille favorable.

Personne ne parle en bien d'une entreprise qui n'inspire pas confiance. Personne n'irait recommander une marque qui ferait honte à sa clientèle.

Soyez toujours honorable. Mettez une éthique dans tout ce que vous faites. Soyez franc et juste envers tous vos clients. Parlez-leur. Sachez satisfaire leurs besoins.

Faites que vos clients soient fiers de raconter leur expérience à tous ceux qu'ils connaissent.

La compagnie américaine Southwest Airlines est l'une des compagnies aériennes les plus prisées au monde. Elle sait s'occuper de ses clients, elle évite de les contrarier et sa politique commerciale est appréciable. Elle traite bien ses salariés, leur assure des emplois stables et un salaire correct, et elle ne les licencie pas. Les gens aiment Southwest, à tel point qu'après le 11 septembre 2001, ils lui ont envoyé de l'argent pour la soutenir. Beaucoup de gens assurent une bonne publicité à Southwest par le bouche à oreille. Qui peut en dire autant des autres compagnies aériennes ?

Toute entreprise peut devenir plus aimable, et tout salarié peut contribuer à améliorer l'image de son employeur auprès du public.

Celui qui n'est pas respecté n'obtient pas un bouche à oreille favorable.

Ma banque assure les mêmes services que toutes les autres banques, mais son personnel est vraiment agréable, très agréable. Tom et Abby connaissent mon nom et le nom de ma femme. Ils connaissent même le prénom de mon bébé, qui n'est pourtant pas un client assidu.

Pendant dix ans, mon entreprise avait son compte dans l'une des trois plus grandes banques américaines et, à un moment, elle avait plus d'un million de dollars sur son compte-courant. Pourtant, j'avais des difficultés à encaisser un chèque et on ne répondait pas à mes appels. Peu de temps après, ce sont les agios qui ont eu raison du peu de respect que j'avais encore pour cette vénérable institution. Depuis, le bouche à oreille négatif lancé par des gens comme moi a eu pour conséquence le transfert de grosses sommes vers des banques qui traitent mieux leur clientèle.

Les 3 raisons pour lesquelles on parle de vous

En matière de bouche à oreille, vous ne serez pas performant tant que vous ne comprendrez pas réellement ce qui motive les gens à parler d'un produit ou d'un service.

Les gens adorent discuter et échanger leurs opinions. Ils adorent parler des autres et de leurs idées. Ils adorent parler de ce qu'ils achètent, que ce soit attrayant, amusant, ou bien banal et sans intérêt.

Trois motivations essentielles sous-tendent les conversations de bouche à oreille.

LES 3 RAISONS POUR LESQUELLES ON PARLE DE VOUS		
Vous	**Moi**	**Nous**
Il s'agit de votre entreprise et de vos produits. - On vous aime (vous et vos produits). - On vous déteste. - Vous donnez l'occasion de parler de vous. - Vous faites en sorte qu'il est facile de parler de vous.	Il s'agit de celui qui s'exprime parce que ça lui fait du bien. - Les gens se sentent intelligents. - Ils se sentent importants. - Ils ont envie d'aider autrui. - Ils ont envie de s'exprimer.	Il s'agit du groupe auquel on veut appartenir. - Ils font partie d'une famille. - Ils appartiennent à une communauté. - Ils font partie de l'équipe.

Raison n° 1 : *vous* – ils vous aiment vous et votre produit

Les gens parlent de vous parce que vous fabriquez ou vendez quelque chose dont ils ont envie de parler. Ils aiment vos produits. Ou bien ils aiment la façon dont vous les traitez. Ou bien vous avez fait quelque chose d'intéressant.

Il s'agit de leur donner une raison de parler de vous. Plus vous êtes intéressant, plus les gens sont motivés à parler de vous. Vos clients ne vont pas vous aimer ni vous haïr (ni manifester pour vous de l'indifférence) sans raison.

En un mot, vous devez susciter une certaine passion pour que l'on commence à dire du bien de vous et de votre entreprise. Si vous avez quelque chose que les gens peuvent aimer, vous pouvez partir de là. Si vous leur avez déjà donné une raison de vous haïr ou de vous ignorer, il vous faudra réparer cela avant de pouvoir vous soucier du reste.

En général, un bon produit fait l'objet d'une recommandation, mais seulement de façon passive, c'est-à-dire lorsque l'utilisateur répond à une question qui lui est posée :

« Quel gril je devrais m'acheter, d'après toi ?

– J'ai un Weber, et j'en suis satisfait. »

Vous obtenez bien plus de bouche à oreille quand vos produits valent la peine qu'on en parle. Plus votre produit a de quoi agiter les esprits, plus il a des chances d'être un sujet de conversation. La satisfaction particulière que les gens tirent d'un produit est ce qui les pousse à le recommander de façon active, et non plus passive :

« Figure-toi que mon nouveau gril est équipé d'un bidule spécial pour les brochettes de porc. Il faut que tu essaies ça ! »

Un produit qui mérite qu'on en parle n'est pas nécessairement un produit cher ou compliqué. Prenons l'exemple d'un stylo à 2 euros, le Zebra F-301. Que peut-on en dire ? Un stylo à bille est un stylo à bille, il contient de l'encre et il écrit, et puis voilà. Quoi d'autre ?

Eh bien, il se trouve que c'est un excellent stylo. Il n'incorpore aucune avancée technologique extraordinaire, c'est simplement un stylo bien conçu, en acier inoxydable, souple d'utilisation et dont les gens ont envie de parler. C'est un si bon produit qu'il a ses fans et qu'il inspire un très important bouche à oreille. Ses fans rédigent des critiques enthousiastes par centaines et en font l'éloge sur des blogs… alors qu'il ne s'agit que d'un stylo à 2 euros.

Pour donner aux gens matière à converser, vous devez être créatif dans votre façon de présenter vos produits, vos services, votre entreprise. Le quotidien de votre activité ne suffit pas. Il faut quelque chose de nouveau.

Même vos fans les plus enthousiastes ont besoin d'une nouveauté pour continuer à s'intéresser à vous. Sinon, vous ne resterez pas longtemps un sujet de conversation.

Tous les Américains aiment la chaîne de fast-food White Castle, et White Castle bénéficie d'un bon bouche à oreille. Cependant, ce n'est pas un sujet qui revient dans nos conversations de tous les jours. Qu'a donc fait White Castle ? White Castle a annoncé la possibilité de faire des réservations le jour de la Saint-Valentin. Quelle drôle d'idée ! Mais surtout, quelle bonne raison d'en parler !

Il n'est pas nécessaire d'avoir des idées aussi subtiles, il faut simplement entretenir l'intérêt des gens. S'il ne se passe rien de particulier chez vous, personne n'a aucune raison de parler de vous. Trouvez quelque chose. Faites une promotion, publiez un rapport, réalisez une vente inhabituelle, stockez une nouvelle ligne de produits.

Qu'y a-t-il d'intéressant dans votre produit ?

Raison n° 2 : *moi* – cela fait du bien de parler

Le bouche à oreille est plus souvent affaire d'émotion que de produit ou de caractéristiques techniques d'un produit. Nous sommes stimulés par des sentiments qui sont liés à ce que nous sommes, en tant qu'individus, bien plus qu'à ce qu'une entreprise propose à sa clientèle.

Les émotions qui nous font parler ne sont pas bien compliquées.

Nous voulons paraître intelligents

Beaucoup de gens aiment jouer les spécialistes à propos de leur sujet favori. En conseillant notre entourage sur ce qu'il convient d'acheter, nous étalons notre savoir. Certains font cela très bien, et tout le monde vient leur demander conseil. Nous aimons nous adresser à eux, et ils aiment nous donner leur avis.

Tout cela a pris une nouvelle ampleur avec les blogs et les communautés virtuelles. Les gens publient des pages sur lesquelles ils montrent ce qu'ils connaissent et invitent leur public à le partager. C'est comme s'ils étaient en mission pour servir leur prochain. Certains se tiennent aussi derrière leur écran pour répondre à toutes les questions que les gens leur posent.

Aidez ces gens à paraître plus intelligents, grâce à des lettres d'information et des détails techniques. N'ayez pas peur d'en rajouter. Vous vous ferez apprécier.

Nous voulons aider les autres

Le désir de paraître intelligent va souvent de pair avec une autre motivation plus honorable, le désir d'aider autrui. Certains sont si enthousiastes qu'ils veulent partager avec tout le monde ce qui les passionne. Cela les titille de voir quelqu'un qui n'achète pas la bonne marque ou qui utilise un produit de mauvaise qualité.

Certains sont capables de venir spontanément vous conseiller le produit qui leur semble être le meilleur, sans que vous les ayez sollicités. C'est certes agaçant, mais cela procède d'un désir véritable de vous rendre service.

N'avez-vous jamais rencontré un de ces mordus du Macintosh ? Certains d'entre eux ont un tel rapport affectif avec Apple qu'ils voudraient que tout le monde autour d'eux utilise les mêmes machines. Ils sont persuadés que cela faciliterait la vie de tous, et peut-être aussi que cela permettrait qu'il y ait la paix dans le monde.

Aidez-les à aider les autres : donnez-leur des échantillons à partager, des prospectus à distribuer, des messages à envoyer.

Nous voulons nous sentir importants

Il y a ceux qui parlent parce qu'ils aiment qu'on leur demande leur avis. Ils aiment jouer les spécialistes. Plus on leur demande conseil, plus ils se sentent importants. Il est agréable de sentir qu'on fait autorité.

Sachez reconnaître ces clients et les valoriser, simplement en tenant compte de leur rôle et en leur demandant leur avis. Les voyageurs les plus importants ne sont pas toujours ceux qui parcourent le plus de kilomètres.

Ces clients parleront de vous et de vos produits parce que c'est un moyen pour eux de montrer leur importance et leurs connaissances, et parce qu'ils se sentent ainsi appartenir au cercle des initiés.

Donnez-leur de quoi se sentir importants : un statut spécial, des heures réservées ou des informations inédites.

Raison n° 3 : *nous* – nous voulons appartenir à un groupe

Le désir de faire partie d'un groupe est une des émotions humaines les plus tenaces. Nous avons désespérément besoin d'être intégrés à un réseau.

Parler des produits est un moyen d'y parvenir. Nos jeans, notre voiture, les magasins dans lesquels nous faisons nos achats et la bière que nous buvons sont autant de façons de montrer qui nous sommes.

D'un point de vue émotionnel, nous nous sentons valorisés quand nous partageons notre enthousiasme avec les membres d'un groupe ayant un intérêt commun. Nous avons le sentiment d'un lien avec les gens qui aiment les mêmes équipes ou les mêmes groupes de musique que nous, et nous avons le sentiment d'un lien similaire avec ceux qui aiment les mêmes voitures que nous, ou les mêmes vêtements. La passion que procure l'appartenance à un groupe d'amateurs se traduit très facilement par du bouche à oreille.

Les membres de groupes ou de clubs créés autour de marques, comme ceux qui roulent en Harley-Davidson, ceux qui utilisent des Macintosh ou ceux qui dévorent du Nutella, sont ceux qui parleront le plus souvent des produits de ces marques.

Travailler sur cette motivation, c'est travailler sur la reconnaissance d'un groupe. Il s'agit de distribuer des T-shirts, des casquettes, des autocollants ou des porte-clés. Il s'agit d'organiser des événements qui rassemblent les gens.

Faites en sorte que ces gens aient l'impression de ne pas être comme les autres, comme s'ils faisaient partie d'une famille, comme s'ils avaient des intérêts en jeu.

Comment mettre fin au bouche à oreille

Prix et récompenses

Mélanger l'amour et l'argent n'est généralement pas une bonne idée. De même, intéresser vos clients à faire passer le mot concernant vos produits est souvent une erreur. En effet, si vous les payez pour cela, ils se sentiront mal à l'aise. Il y a des choses qui ne sont pas à vendre : l'amitié, certaines sortes de faveurs, et les recommandations.

Les gens se livrent au bouche à oreille parce qu'ils vous aiment ou parce qu'ils en ont envie. En les incitant par des récompenses ou par de l'argent (ou des réductions, ou des points, ou des *miles*) à vous envoyer de nouveaux clients, vous ne pouvez que les embarrasser.

Au moment de vous recommander, un client se dira : « Si mon ami s'aperçoit que mon conseil est intéressé, il cessera de me faire confiance. Je ferais mieux de me taire. »

Pire encore, les incitations et les récompenses engendrent souvent un bouche à oreille négatif. Les gens risquent de penser : « Ce produit est si mauvais qu'ils ont besoin de payer pour que l'on en parle. »

Les émotions puissantes qui inspirent le bouche à oreille et l'affinité pour votre marque ou votre enseigne qui en résulte ne sont pas des choses à prendre à la légère. En offrant une rétribution à un commentateur loyal, vous risquez de gravement l'insulter.

Comme tout le reste dans le bouche à oreille, ces idées sont tout à fait évidentes quand on y pense. Cependant, vous ne tarderez pas à vous rendre compte que ces idées évidentes sont finalement le contraire de ce que le marketing traditionnel nous enseigne.

De nombreuses sociétés offrent à leurs clients des récompenses quand ces derniers parrainent de nouveaux clients. Chaque fois que je reçois un e-mail ou une carte de la part d'un ami, je songe : « C'est très bien. Tu vas gagner quelques dollars. Mais moi, dans tout cela ? » Une relation d'amitié se transforme ainsi en une transaction entre un vendeur et un prospect. Même un bon ami ou un proche est moins crédible quand il agit en vue d'une récompense.

En revanche, le programme « *Friends and Family* », de la compagnie MIC, aux États-Unis, est un bon exemple de profit mutuel. Chaque fois qu'un abonné parrainait un ami, l'un et l'autre obtenaient une réduction de leur facture de téléphone. Cet avantage était partagé de façon équitable. Ainsi, la motivation restait pure, le principe d'altruisme était respecté et tout le monde était à l'aise. Toute économie était partagée, personne n'y gagnait aux dépens de l'autre. Cela reste un des meilleurs programmes de bouche à oreille.

En France, le Club des créateurs de beauté (vente de produits de beauté par correspondance) a mis en place un système similaire : le filleul reçoit un cadeau de bienvenue et une réduction de 20 % sur sa première commande, tandis que le parrain reçoit un chèque cadeau de 20 euros valable sur le site.

La surexposition médiatique

Quand on comprend pourquoi les gens en parlent, une autre leçon devient claire : la surexposition médiatique tue le bouche à oreille.

Si tout le monde est au courant, plus personne n'a besoin d'en parler. Quoi de plus ridicule que de demander à quelqu'un s'il a entendu parler de *La Guerre des étoiles* ? Un aspect évident et cependant négligé du bouche à oreille est qu'il est inspiré et entretenu par la nouveauté. Quand les Rollerblade sont apparus, ces patins aux roulettes alignées, tout le monde en a parlé ; de même pour le Walkman de Sony. Mais vingt ans plus tard, ces produits n'étaient plus aussi remarquables.

Si vous oubliez pourquoi les gens parlent de vous

C'est par le bouche à oreille que la chaîne Krispy Kreme a percé sur le marché américain avec ses *donuts*, les beignets tout ronds avec un trou au milieu, rendus célèbres grâce au dessin animé *Les Simpson*. Par la suite, la médiatisation excessive de cette entreprise a tué la conversation.

Krispy Kreme, c'étaient pourtant des beignets sans pareil. Une grosse enseigne lumineuse s'éclairait au moment où sortait une nouvelle fournée de beignets. Pour les habitants des villes dans lesquelles existait une boutique Krispy Kreme, c'était un événement. C'était même une destination touristique. On en faisait des folies. Un jour, ma femme avait rendu visite à une amie de lycée à Toledo, et elles étaient toutes deux parties en mission pour acheter ces beignets au moment précis où ils sortiraient du four. Il y avait deux boutiques à un ou deux kilomètres de distance. Elles avaient effectué des allers et retours en voiture de l'une à l'autre, jusqu'à ce que le signal s'illumine, et elles s'étaient alors précipitées pour en acheter.

À ce moment-là, tout le monde, je dis bien tout le monde, parlait de ces beignets. Les dieux du bouche à oreille souriaient à cette folie sucrée.

La chaîne avait alors voulu que son produit soit aussi largement répandu que celui de Dunkin' Donuts, le numéro un des *donuts* aux États-Unis. Ce qui lui avait assuré un magnifique bouche à oreille, la difficulté de se procurer les beignets encore chauds, avait ainsi disparu, dès lors qu'on trouvait partout des beignets Krispy Kreme froids et durcis. Cette omniprésence soudaine de leurs beignets en avait annihilé le côté original et remarquable, ce qui faisait qu'on en parlait.

Un produit alimentaire qu'on peut acheter même dans les stations-service, personne n'en parle à ses amis…

Les 5 T du marketing du bouche à oreille

Un bon bouche à oreille peut être fortuit. Il peut aussi être le résultat d'une campagne bien organisée. Dans les deux cas, certains éléments de base doivent être présents.

Plus précisément, ces éléments sont les 5 T : *Talkers* (les personnes), *Topics* (les sujets de conversation), *Tools* (les outils), *Taking part* (votre participation aux conversations), *Tracking* (le suivi de ce qui est dit).

1. *Talkers* (les personnes) : qui va parler de vous à ses amis ?
2. *Topics* (les sujets) : de quoi va-t-on parler ?
3. *Tools* (les outils) : comment faciliter la transmission du message ?
4. *Taking part* (votre participation) : comment pouvez-vous prendre part à la conversation ?
5. *Tracking* (le suivi) : que dit-on de vous ?

Je me suis intéressé à des centaines d'exemples de bouche à oreille fructueux. À chaque fois, qu'il s'agisse d'une grosse compagnie ou d'une petite entreprise, d'une start-up ou d'un sous-traitant industriel, d'une chaîne nationale ou d'un simple restaurant, les 5 T étaient présents.

Chaque fois que vous lancez une campagne par le bouche à oreille, prenez d'abord quelques minutes pour réfléchir à ces cinq éléments et demandez-vous dans quelle mesure ils sont présents dans votre démarche commerciale. Le processus est plus simple que vous pouvez le penser, et c'est la garantie d'un bouche à oreille productif.

1. *Talkers* (les personnes) : trouvez des gens qui parleront de vous

Il peut s'agir de n'importe quel groupe de personnes enthousiastes ou de relations susceptibles de relayer votre message. On les appelle parfois *influencers* (« agents d'influence ») ou *evangelists* (« prosélytes »), mais l'utilisation de ce genre de termes risquerait de laisser penser que vous recourez à un système d'influence quelque peu occulte ou étrange.

Le support est constitué de gens normaux, du commun des mortels. Ce sont vos clients, votre médecin, vos voisins, vos amis.

Ce peut être de nouveaux clients bouillonnants d'enthousiasme, ou bien des gens qui ne jurent que par vos produits et qui se portent volontaires pour diffuser votre message. Il peut s'agir d'une personne qui écrit sur votre propre forum pour dire qu'elle vous aime, comme il peut s'agir de blogueurs qui vont être amenés à parler de vous ou de vos produits dans un de leurs billets.

Nous connaissons tous des personnes disposées à transmettre l'information par le bouche à oreille, du voisin à qui tout le monde vient demander conseil avant de voyager à l'ami qui connaît tous les médecins de la ville, en passant par le collègue qui a toujours le bon tuyau pour prendre un verre dans un endroit particulièrement agréable. Pour chaque produit ou service, il existe des gens qui transmettent l'information – et vous en faites sans doute partie, vous aussi, pour un produit ou un service donné (sur quoi vous demande-t-on votre avis, en général ?).

Tous ces causeurs parlent parce qu'ils adorent partager des idées ou aider leurs amis. Ils parleront de vous si vous leur fournissez un sujet de conversation et si vous leur plaisez. C'est à peu près tout ce qu'il faut.

Ne les confondez pas avec les faiseurs de tendances, les célébrités ou les journalistes. Les réceptionnistes, les chauffeurs de taxi et les petits génies de l'informatique, par exemple, sont bien plus prolixes.

Ceux qui parleront de vos produits autour d'eux sont bien plus proches de vous que vous pouvez le croire. Vos meilleurs agents sont probablement les clients auxquels vous avez affaire tous les jours, et ils ne demandent que la possibilité d'en faire un peu plus.

Songez aux fans d'un groupe de rock. Ils dépensent des centaines d'euros pour soutenir ou pour promouvoir un groupe qu'ils aiment, et ils essaient d'obtenir de leurs amis qu'ils fassent de même. Ils *veulent* répandre la bonne parole, et ils sont même prêts à payer pour cela (en achetant de la musique, des billets de concert, des T-shirts ou des posters).

Une fois que vous avez identifié le bon groupe de personnes qui parlera de vous, il s'agit de lui fournir un sujet de conversation qui lui conviendra.

2. *Topics* (les sujets de conversation) : donnez aux gens une raison de parler

Tout bouche à oreille commence par la création d'un message à diffuser.

Il ne s'agit pas nécessairement d'être original. Une vente spéciale, un service d'une qualité remarquable, une nouvelle fonctionnalité, un parfum unique, un nom amusant ou un bel emballage peut suffire. Les caractéristiques sur lesquelles porte le message sont secondaires.

Un bon sujet, ce sont des idées claires que les gens peuvent répéter et transmettre avec succès.

La Commerce Bank était une banque bien pratique, et son slogan était : « La banque la plus pratique d'Amérique », mais quel était le sujet de conversation du bouche à oreille ? Une machine à compter les pièces dont on pouvait se servir gratuitement dans une galerie appelée Penny Arcade. Tout le monde parlait de la seule banque des environs qui permettait à tous (même à ceux qui n'en étaient pas les clients) d'échanger leurs pièces contre des billets, service que la plupart des banques n'assurent pas.

La compagnie aérienne JetBlue avait lancé un remarquable sujet de discussion avec son système de télévision embarquée. Aujourd'hui, ce système est devenu banal (croyez-moi, ce n'était qu'un système câblé à une altitude de 30 000 pieds diffusant de l'info-publicité et de vieux épisodes de *Sauvés par le gong*), mais c'était un bon sujet de conversation qui permettait aux gens de penser à la compagnie et éventuellement aux autres avantages qu'elle présentait. On ne vantait pas à ses amis un service exceptionnel et personnalisé, mais on s'exclamait : « Tu sais que sur JetBlue, il y a la télé ? »

Les gens échangent des propos sur des choses incroyablement bêtes et simples. Examinez un moment le contenu de votre boîte de réception. Que vous envoient vos amis dans leurs e-mails ? Des astuces, des blagues, des vidéos amusantes.

Une fois que vous avez trouvé un sujet assez intéressant pour motiver les gens à en parler, il s'agit de leur fournir de quoi alimenter la conversation.

3. *Tools* (les outils) : facilitez la transmission rapide et étendue du message

Un petit coup de pouce est nécessaire même avec le meilleur sujet.

Les promoteurs d'un bouche à oreille obtiennent les meilleurs résultats quand ils fournissent l'infrastructure permettant à leurs messages de mieux se transmettre. L'essor récent du bouche à oreille comme technique de marketing est dû pour une grande part au développement d'outils permettant d'entretenir des conversations déjà initiées.

Donnez aux gens de quoi transmettre vos messages plus vite et plus loin. Un e-mail facile à envoyer, un bouton « Informer un ami » sur la page de votre site Internet consacrée au produit concerné, voilà deux exemples très efficaces (et pourtant très simples).

Si vous dirigez un magasin ou un restaurant, que personne ne quitte votre établissement sans emporter quelque chose à transmettre à ses amis, par exemple un menu ou un bon de réduction.

Les parfumeries sont connues pour donner des échantillons gratuits. Dès que vous achetez le moindre produit, vous ressortez avec des petites gâteries. On vous en donne toujours plusieurs, pour que vous ayez quelque chose à partager avec vos amis et que vous découvriez d'autres produits qui vous plairont peut-être.

Dès que quelqu'un a envie de parler de vous, faites tout votre possible pour lui savonner la pente.

Les responsables des magazines l'ont compris depuis longtemps. Même si cela semble exagéré, il existe une bonne raison pour laquelle nous sommes quasiment submergés de formulaires d'abonnement à des magazines. Un magazine se partage, et ces formulaires sont l'outil qui permet de diffuser les offres d'abonnement.

La vente spéciale d'un produit unique (le sujet de conversation) peut valoir qu'on en parle, mais le pouvoir de commercialisation décuple quand vous utilisez un modèle d'e-mail facile à envoyer (l'outil). Un blog permet à un producteur de dialoguer directement avec ses fans et de leur donner une histoire à partager. Les communautés virtuelles permettent de fédérer les conversations.

Les programmes formels assurent le soutien et les encouragements grâce auxquels les fans continuent de parler. Une fois que vous avez mis en place des moyens de stimuler le bouche à oreille, il s'agit d'entretenir la conversation en y participant.

4. *Taking part* (votre participation) : prenez part à la conversation

L'idée de participer effraie les professionnels du marketing.

Une fois que vous avez ouvert la porte aux conversations de bouche à oreille, il n'existe aucun moyen de la refermer. Quand vous vous adressez aux gens pour les encourager à parler de votre production autour d'eux, ils s'attendent à vous voir participer.

Lorsque les gens parlent de vous, répondez-leur. Répondez aux e-mails, acceptez les commentaires sur votre blog, participez à un forum de discussion, répondez au téléphone. Remerciez les blogueurs qui parlent de vous. Si certains expriment des critiques ou se plaignent, trouvez la raison de ces propos négatifs, et remédiez à cela. Soyez dévoué, honnête, reconnaissant et aimable.

Si vous ne participez pas à la conversation, elle ne durera pas (ou bien elle se retournera contre vous).

Oui, cela peut faire peur, surtout au début. Vous essuierez des critiques, vous aurez aussi affaire à des cinglés, et vous devrez demander à vos salariés de suivre la conversation et d'en tirer les bonnes leçons. Cependant, vous y gagnerez le respect de vos clients, vous bénéficierez de leurs recommandations et vous développerez de bonnes relations à long terme.

Une fois que vous vous êtes lancé dans le dialogue, il vous faut suivre la conversation et savoir de quoi les gens parlent.

5. *Tracking* (le suivi) : évaluez et comprenez ce que l'on dit de vous

Des instruments remarquables ont été mis au point pour nous permettre de comprendre comment le bouche à oreille se propage, et de rester au fait de ce que les consommateurs disent de nous.

Vous tenir au courant de ce qui se dit de vous et de votre société est aujourd'hui bien plus facile. Vous pouvez accéder à tous les commentaires qui vous concernent sur tous les blogs et dans tous les forums, dès qu'ils sont publiés. Vous avez la possibilité de comprendre ce bouche à oreille ici et maintenant, et sans que cela ne vous coûte quoi que ce soit.

Grâce à la popularité des blogs et des communautés virtuelles, les gens écrivent et publient en ligne tout ce qui leur passe par la tête (« J'ai mangé un sandwich. C'était bon. Vous aimez les sandwichs ? Laissez un commentaire sur mon blog ! »).

Ces conversations de consommateur à consommateur, étant écrites, sont faciles à suivre et à évaluer. C'est là un avantage précieux pour ceux qui commercialisent des produits. En suivant ces communications en ligne, vous avez la possibilité de savoir ce que les consommateurs pensent réellement de votre marque, de votre politique commerciale et de vos produits.

Vous accédez ainsi à une connaissance plus authentique et plus immédiate que celle permise par les techniques de recherche traditionnelles.

Il s'agit ensuite pour vous d'apprendre à interpréter ce bouche à oreille et à en tirer parti pour élaborer un meilleur plan marketing et faire progresser votre entreprise.

ÉTUDE DE CAS

Intuit, ou l'utilisation des 5 T

Intéressons-nous à un produit pour lequel le bouche à oreille est remarquable : QuickBooks, un logiciel de comptabilité dédié aux petites entreprises vendu par l'entreprise américaine Intuit. Pour les PME, la comptabilité n'est jamais une partie de plaisir, mais Intuit utilise avec brio les 5 T pour entretenir le bouche à oreille.

- Les comptables sont généralement les premiers à recommander un logiciel de comptabilité. Cependant, Intuit s'est rendu compte qu'il existait un autre groupe de *talkers* (**influenceurs**) de bouche à oreille : les gérants de petites entreprises qui discutent entre eux de la meilleure façon de tenir leur comptabilité. Plombiers, graphistes, coiffeurs (monsieur tout-le-monde) parlent entre eux et s'entraident face aux difficultés quotidiennes de la gestion d'une petite entreprise.
- Tous ces artisans et entrepreneurs ont eux-mêmes fait évoluer **le sujet de conversation** (*topic*). C'est comme si chacun avait reçu un message du genre : « Vous n'êtes pas seul, toute une communauté est là pour vous aider et pour répondre à vos questions en matière comptable. »
- **L'outil** (*tool*) utilisé par Intuit est un site Internet appelé Intuit Community. Les utilisateurs, de même que les futurs clients, peuvent s'y rencontrer et discuter de comptabilité. Chacun peut y trouver des collègues et les rejoindre dans leur conversation. Ce site Internet permet à ces personnes ordinaires de converser entre elles, de profiter de l'expérience des autres et d'échanger des informations utiles sur le produit. Ce qui n'aurait été autrefois qu'une conversation privée entre

→

deux individus est maintenant partagé en public et visible par des millions d'acheteurs éventuels.

- Intuit **participe** à ce processus (*taking part*) en se joignant à la conversation. Intuit encourage ses salariés, quels qu'ils soient, à répondre aux questions, à partager leurs idées, à résoudre les problèmes et à faire partie de la communauté. Alors qu'un grand nombre d'éditeurs de logiciels répondent difficilement au téléphone, cette participation leur attire beaucoup de respect – et leur permet de bénéficier davantage encore de bouche à oreille.
- Enfin, Intuit **suit** ce bouche à oreille (*tracking*) en enregistrant en détail ce qui se dit et en procédant à des sondages continus. La société exploite le bouche à oreille pour savoir quels sont les points forts et les points faibles de ses produits, comment les améliorer et comment continuer à satisfaire ses clients.

Le bouche à oreille ne consiste pas à tromper les gens

Il ne doit pas vous échapper que la tromperie, l'espionnage et la malhonnêteté sont des pratiques condamnables, de même que toute tentative de manipuler les consommateurs ou la conversation. En outre, de telles pratiques sont inefficaces à long terme.

Ces méthodes se retournent contre ceux qui les pratiquent, et un vendeur honnête ne s'y essaiera jamais.

Le marketing du bouche à oreille ne doit pas être confondu avec les techniques de marketing insidieuses, qui consistent à mentir ou à recourir à des comparses pour inciter les gens à acheter. Il ne consiste pas à participer aux forums de discussion sous une fausse identité, ni à publier sur des sites Internet de fausses critiques positives, ni à envoyer sur le terrain des salariés qui se font passer pour des fans.

Les entrepreneurs et les vendeurs honnêtes refusent toutes ces formes de tromperie.

Le marketing du bouche à oreille consiste à écouter les consommateurs et à leur donner la possibilité de s'exprimer. On n'acquiert pas une clientèle enviable en mentant au public.

Si vous employez des méthodes sournoises, cela se retournera contre vous. De nos jours, les consommateurs sont avertis et indépendants. Ils disposent de l'information et des ressources qui leur permettent de déceler le mensonge et d'avertir tout le monde. Le pouvoir d'expression des consommateurs est fatal aux entreprises malhonnêtes.

Le bouche à oreille ne peut pas être contrefait

Le bouche à oreille ne peut réussir que si les gens ont confiance les uns dans les autres pour parler sincèrement de ce qu'ils aiment et de ce qu'ils n'aiment pas.

On ne peut pas contrefaire le bouche à oreille. Sans la confiance, cela ne marche pas. Il est possible de tromper quelques clients pendant un petit moment mais, à la fin, les gens se rendent compte de la supercherie. C'est ainsi qu'on se retrouve en mauvaise posture, qu'on se fait des ennemis et qu'on perd un marché.

Supposons qu'un restaurant publie de bonnes critiques de luimême sur un site Internet. Cela se remarquera. Quel que soit votre talent en la matière, les administrateurs de sites savent très bien repérer ce genre de choses. Leur travail consiste à préserver la crédibilité de leurs sites. S'ils ne faisaient pas la police, les gens n'auraient pas confiance. Ils sont donc attentifs.

À plus grande échelle, si vous publiez la même critique positive sur divers blogs ou forums, vous vous ferez prendre. Vous pourrez tenter de vous dissimuler derrière différents pseudonymes et de varier le message, mais vous vous ferez tout de même attraper. Il est extrêmement facile de rechercher et de comparer des commentaires qui se ressemblent. Plus vous publiez, plus les gens savent que vous publiez. Dès qu'un blogueur éveille le soupçon, on recherche ce qu'il a publié et tout devient visible.

Que se passe-t-il alors ? Tout le bouche à oreille positif que vous espériez susciter devient négatif. Le public que vous tentiez de séduire avec vos commentaires truqués se sent abusé et commence à répandre des attaques contre vous sur toute la Toile. Vous perdez alors bien plus d'opportunités de vente que vous n'auriez pu espérer en gagner.

Soyez vous-même

En tant que vendeur, vous pouvez publier des commentaires et participer à des forums, et vous pouvez le faire sans modération. Votre participation est bienvenue dans ce nouveau monde de la communication et des communautés virtuelles. Simplement, il importe que vous vous y preniez de la bonne manière.

La différence entre une participation honnête et une tromperie, c'est la transparence.

Vous pouvez être un participant assidu, tant que vous intervenez sous votre propre nom. Il faut que l'on sache clairement qui vous êtes et dans quel but vous agissez. Il faut aussi que tout lien entre votre activité et ceux qui parlent en votre faveur soit clairement divulgué dès le début, qu'il s'agisse de salariés, de clients ou de bénévoles.

Il y a quelques années, Sony a été épinglé pour avoir employé des acteurs déguisés en touristes, qui demandaient aux passants de les prendre en photo avec un bel appareil d'un nouveau modèle. Quand les gens se sont aperçus que les prétendus touristes étaient employés par la compagnie, ils ont eu le sentiment d'avoir été trompés et ils se sont fâchés.

Voyons maintenant ce que Sony aurait dû faire. Sony aurait pu, par exemple, lancer un programme exclusif de VIP chargées de tester son produit, permettre à des novices d'essayer des appareils, leur offrir une carte de membre, une casquette ou une sacoche, flatter leur sentiment d'importance.

À coup sûr, ces VIP auraient passé le mot à bien plus de personnes que ce que des acteurs pouvaient faire. Ils l'auraient fait avec une véritable passion et avec un enthousiasme qu'aucun acteur n'aurait jamais pu feindre. Ces ambassadeurs bénévoles auraient été plus crédibles, en raison de leur statut. Ils se seraient sentis importants, ayant été sélectionnés par Sony. Ils auraient été fiers de leur affiliation et heureux de la montrer.

La transparence est une bonne chose. Elle donne plus de force à un message, car elle suscite la confiance. Dans un programme de marketing par le bouche à oreille, elle confère aux participants un statut, si bien qu'ils ont davantage de crédibilité.

La transparence est souhaitable. Exigez la transparence.

Le bouche à oreille est affaire de communication sincère et véritable. Soyez toujours honnête.

Il est facile de rester honnête

Tout se résume à une idée simple : l'honnêteté en termes de relation, d'opinion et d'identité. Respectez ces règles, et vous éviterez bien des problèmes.

Honnêteté en termes de relation :
Dites qui vous représentez.

Honnêteté en termes d'opinion :
Ne dites que ce que vous croyez vraiment.

Honnêteté en termes d'identité :
Ne trichez jamais avec votre identité.

Chaque fois que vous utilisez le bouche à oreille, veillez à bien respecter ces règles. Il importe aussi de les partager avec vos fans, avec vos salariés et avec tout groupement chargé de parler en votre nom. Enseignez-leur ces règles, et faites qu'ils les partagent aussi avec leurs propres interlocuteurs.

Dans votre entreprise, mettez en place un processus de contrôle interne et faites en sorte que les bonnes questions soient posées. Il est souvent arrivé qu'une entreprise réputée se retrouve dans une situation délicate parce qu'un responsable de marketing peu averti s'était adressé à une agence peu fiable pour lancer discrètement une campagne douteuse. Expliquez clairement quelles sont vos valeurs.

Sachez dire non

Tôt ou tard, quelqu'un vous proposera une initiative douteuse en guise de marketing de bouche à oreille. Un conseiller marketing vous suggérera de publier des messages de provenance non dévoilée. Un jeune salarié aura envie de lancer discrètement un débat sur Internet.

N'acceptez pas.

Si vous cédez ne serait-ce qu'une fois à ces méthodes insidieuses, cela se saura, et si le public sait que vous êtes mêlé à quelque chose de douteux, il supposera que vous êtes corrompu.

Une mauvaise image de votre entreprise risque alors de se propager très rapidement, et sans que vous puissiez faire quoi que ce soit pour empêcher cela. Dans les premiers jours d'Internet, presque tout le monde envoyait des messages à des destinataires qui n'en voulaient pas. Le temps que l'on se rende compte que la plupart des gens détestent cela, la réputation de la publicité par e-mail en avait pris un coup.

Sur Internet, toutes ces entreprises ont contribué un tant soit peu au problème du spam.

Que s'est-il passé ? La presse et le public se sont mis à considérer tout e-mail provenant d'une entreprise comme du spam. Les messages responsables provenant d'entreprises honorables ont été mis dans le même sac que les pires tromperies. Personne n'a plus cru aux utilisations honnêtes des messageries électroniques, et rares sont les entreprises qui ont lutté pour obtenir des lois antispam. Ce sont donc les spammeurs qui ont eu les coudées franches, faute d'adversaires.

Il ne s'agit pas de reproduire l'exemple malheureux du marketing électronique. Votre boîte de réception (comme celle de votre enfant) recevra toujours du spam, et même si le marketing électronique continue d'exister et de porter tout de même ses fruits, sa réputation reste entachée à jamais. Nous devons veiller à ne pas confondre le bouche à oreille, qui est par nature affaire de confiance des consommateurs, avec les pires formes de tromperie. Sinon, vos clients potentiels vous prendront aussi pour un menteur.

Tracez une limite que votre entreprise ne devra jamais franchir, et sensibilisez vos salariés à ce problème. Si vous êtes témoin d'une campagne utilisant des méthodes insidieuses, intervenez.

Parlez-en sur des blogs ou prévenez un journaliste. Les méthodes insidieuses prospèrent grâce au secret, il faut donc les dévoiler.

Allez de l'avant dès à présent, et veillez à ce que votre réputation et celle de vos méthodes de marketing honnêtes ne soient pas ternies par les malversations d'un petit nombre d'individus.

Les règles d'un marketing du bouche à oreille honnête

1. **Le bouche à oreille n'est pas furtif.** Il s'agit d'une communication ouverte et honnête avec les clients et le public.
2. **Le faux bouche à oreille ne fonctionne pas.** Vous seriez pris sur le fait et votre réputation en pâtirait.
3. **Refusez toute forme de tromperie.** Préservez la confiance des gens dans le vrai bouche à oreille, pour vous-même en tant que vendeur et pour votre famille en tant que consommateur.
4. **Respectez les règles d'honnêteté en termes de relation, d'opinion et d'identité.**

La check-list éthique du marketing du bouche à oreille

Si vous préparez une campagne de bouche à oreille, posez-vous les questions suivantes. Si vous avez le moindre sentiment que quelque chose, dans votre campagne, n'est pas tout à fait moral, renoncez-y ! Dans le domaine moral, il n'y a pas de zone grise (les bonnes pratiques que je présente ici proviennent des guides que j'avais publiés quand je dirigeais la Word of Mouth Marketing Association).

- ❑ Avons-nous rejeté et interdit toute méthode de marketing insidieuse et cachée ?
- ❑ Demandons-nous à nos relais de communication de toujours faire connaître leur lien avec nous et toute forme de compensation ou d'incitation ?
- ❑ Demandons-nous que tous les avis publiés reflètent l'opinion sincère et authentique du public ou de nos relais, sans manipulation ni falsification ?
- ❑ Ceux qui parlent en notre nom sont-ils libres d'avoir leur propre avis et de partager toute critique, même négative ?
- ❑ L'information que nous donnons à nos relais, à notre clientèle et aux médias est-elle toujours factuelle et honnête, et les indications que nous donnons sont-elles toujours exactes ?
- ❑ Ceux qui travaillent pour nous le font-ils toujours sous leur véritable identité ?
- ❑ Interdisons-nous toute forme de dissimulation d'identité ?
- ❑ Interdisons-nous le recours à des pratiques trompeuses, comme celle consistant à faire intervenir de faux consommateurs prétendant être familiarisés avec l'utilisation d'un produit et autres trucages pour crédibiliser un intermédiaire tout en trompant sciemment le public ?
- ❑ Respectons-nous toutes les règles d'utilisation des médias par lesquels nous passons, notamment les conditions de participation définies pour les sites Internet, les blogs, les médias traditionnels et les événements en direct ?
- ❑ Quand nous faisons appel à des agents ou à des bénévoles, leur assurons-nous une formation ou une sensibilisation aux règles éthiques ?
- ❑ Quand nous nous adressons à une agence, exigeons-nous qu'elle respecte les mêmes normes et les mêmes règles éthiques, et que ces mêmes normes et ces mêmes règles soient également respectées par tout sous-traitant ?
- ❑ Avons-nous préparé un plan pour assurer le suivi du bouche à oreille lancé pour notre compte ?

❑ Savons-nous de quelle manière nous pourrions corriger un bouche à oreille inapproprié ou contraire à notre éthique qui serait la conséquence de notre activité ?

Par précaution, posez-vous cette question : seriez-vous à l'aise si vos proches ou vos amis étaient impliqués dans cette campagne ? Y aurait-il dans cette campagne un aspect que vous seriez gêné d'aborder en public ?

Le bouche à oreille a toujours été votre meilleure méthode de marketing (même si vous l'ignoriez)

Le bouche à oreille a eu sur votre activité un impact bien plus important que ce que vous croyez.

Malheureusement, la plupart des entreprises ne savent pas en prendre la mesure, si bien qu'elles ne le reconnaissent pas. Dans les services de marketing, il est généralement occulté. L'impact du bouche à oreille est ce que j'appelle la « statistique cachée ».

Problème n° 1 : nous ne l'appelons jamais par son vrai nom

Dans la discipline appelée marketing, nous commençons tout juste à utiliser le terme de bouche à oreille. Dans de nombreux cas, ce qui devrait être considéré comme du bouche à oreille n'est pas correctement identifié comme tel. Le bouche à oreille n'est donc pas mesuré de façon adéquate.

Envisagez de désigner autrement les sources par lesquelles vous obtenez des clients, notamment tout ce qui peut être considéré comme une relation de client à client. Rendez au bouche à oreille ce qui lui est dû et prenez la mesure de l'impact qu'il exerce réellement sur votre activité.

Voici des exemples de sources qui sont en réalité du bouche à oreille :

- les amis ;
- les collègues ;
- le patron ;
- le médecin ;
- une critique ou un article sur Internet (pas votre propre publicité) ;
- un courrier envoyé directement à quelqu'un d'autre dans votre société ;
- une recommandation sur Amazon ;
- le fait de connaître quelqu'un qui utilise le produit en question ;
- autres ;
- tout le reste ;
- … et bien plus encore.

Vous disposez probablement d'un rapport d'enquête, d'un diagramme ou d'un document sur tableur indiquant la provenance de vos nouveaux clients. Cela doit se présenter un peu comme ceci :

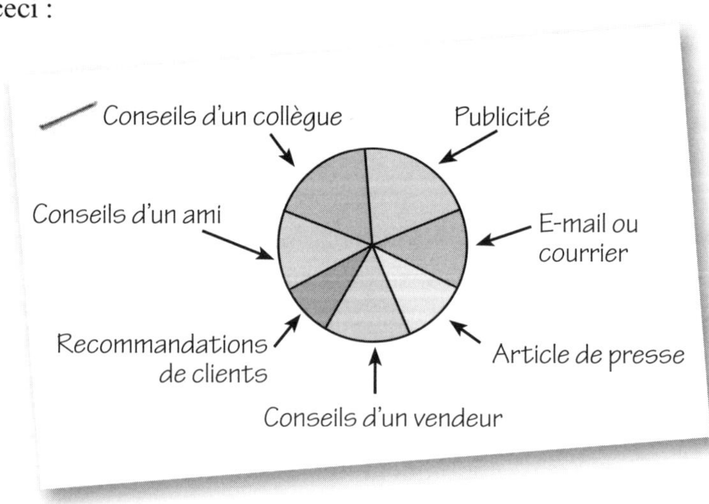

À présent, renommons les sources de clients qui sont en réalité du bouche à oreille :

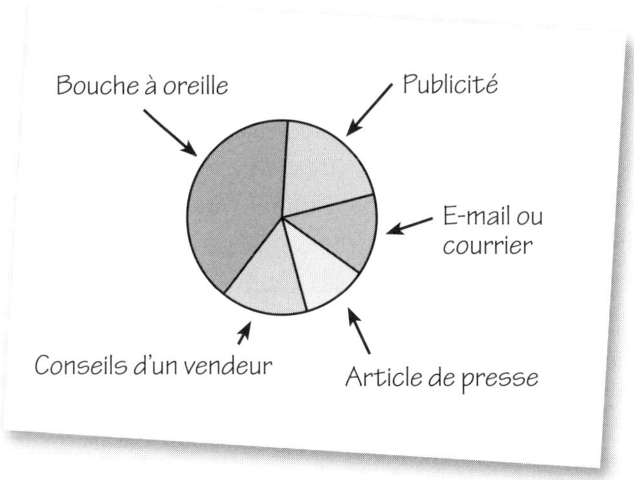

Quand ces sources relevant du bouche à oreille sont identifiées et appelées par leur nom, on s'aperçoit que le bouche à oreille est la catégorie la plus importante.

Problème n° 2 : il est difficile de diviser par zéro

Vous utilisez probablement une feuille de calcul recensant vos dépenses de marketing, avec une imputation de vos recettes. Et quels profits vous en avez tiré ? Quels revenus chacune d'entre elles a générés ? Le document ressemble peut-être à ceci :

Source	Coûts	Nouveaux clients	Nouveaux revenus	Retour sur investissement (ROI)
Publicité	10 000	12	12 000	120 %
Courrier publicitaire	7 000	8	8 000	114 %
Relations médias	9 000	7	7 000	78 %
Ventes soldées	15 000	9	9 000	60 %

Qu'est-ce qui manque ? Le bouche à oreille !

Pourquoi l'oublie-t-on ? Parce que le bouche à oreille ne coûte généralement rien. En l'absence d'un budget et d'un personnel propres, nous oublions généralement de l'inclure dans nos rapports concernant la provenance de nouveaux clients. En outre, l'intégration du bouche à oreille pose un problème, sachant qu'on ne peut pas se servir d'une formule pour calculer la rentabilité d'une campagne de bouche à oreille dont le coût est égal à zéro. On en fait donc généralement abstraction.

Prenez-le en compte. Changez de méthode, et vous verrez apparaître quelque chose de surprenant : vous obtenez probablement davantage de clients gratuitement par le bouche à oreille que par toutes les autres formes de marketing.

N'oubliez pas ceci : le résultat le plus précieux de votre investissement dans le marketing, ce sont les clients que vous avez gagnés gratuitement.

Les orphelins du marketing

Le marketing du bouche à oreille, vous le pratiquez depuis toujours : simplement, vous l'appeliez autrement.

Le marketing du bouche à oreille est un terme générique recouvrant plusieurs dizaines de techniques différentes pouvant être utilisées pour dynamiser les clients et les inciter à parler des produits autour d'eux. Un certain nombre de ces techniques ne sont pas nouvelles, et certaines sont bien connues.

Essayez de voir d'un nouvel œil ces méthodes que vous connaissiez déjà : les ventes spéciales, les programmes de fidélisation, les promotions, les e-mails, le parrainage d'une équipe de sport, le parrainage en général, les lettres d'information, les échantillons gratuits, les blogs, le partenariat avec des communautés, etc.

Ces techniques sont utilisées depuis longtemps par les promoteurs d'événements, les petites entreprises, les sociétés de vente par correspondance, les consultants en politique, etc. On voit maintenant que le bouche à oreille est ce qui relie tout cela.

Posez-vous cette question : « Quels sont les programmes de marketing qui feront que l'on parlera de moi ? »

La plupart du temps, ces programmes n'entrent pas dans une catégorie de marketing traditionnelle comme la publicité ou l'envoi de courrier (et vous pourriez difficilement les sous-traiter à une agence de publicité traditionnelle). Ils sont donc souvent négligés, ou bloqués dans un autre service. Ce sont les orphelins du marketing.

Ces techniques ont souvent un objectif commun : lancer les conversations. Quand on s'y intéresse à la lumière de cet objectif, on s'aperçoit que ce que nous appelons maintenant le marketing du bouche à oreille est une méthode de marketing unifiée.

On peut donc définir le marketing du bouche à oreille comme un marketing de haut niveau (comme la publicité, les techniques de vente et les relations publiques) et considérer que toutes les techniques que vous pouvez utiliser relèvent de cette discipline. Envisager ces techniques de façon proactive dans le contexte du marketing du bouche à oreille permet de clarifier l'objectif et de mieux travailler.

Non seulement le marketing du bouche à oreille a sa place aux côtés des autres techniques essentielles de marketing, mais il doit être considéré comme la première entre toutes, parce que c'est la moins onéreuse, la plus efficace et la plus conviviale.

Maintenant, vous savez à quel point le bouche à oreille est important pour votre activité

Secourez cet orphelin.

Placez le bouche à oreille en tête de votre liste de priorités. Ne le négligez pas, ne le délaissez pas au profit de campagnes de publicité traditionnelles.

Le marketing du bouche à oreille a toujours été votre plus importante source de débouchés. Il a toujours été le moyen le moins coûteux d'élargir votre clientèle.

Il est temps pour vous d'officialiser votre stratégie de marketing la plus efficace. Il est temps de créer un espace pour le marketing du bouche à oreille dans votre budget et dans votre plan d'activité, de fixer des objectifs clairs et de mesurer les résultats.

2

Les choses sérieuses : 6 grandes idées

1. Les consommateurs ont le pouvoir : il faut vous y habituer !

Vous voilà averti. On parle déjà de vous, en ce moment même. Allez-vous participer à la conversation, ou la laisser suivre son cours sans vous ?

Désormais, en matière de publicité, plus aucune décision ne se prend sans qu'un nouveau participant ne soit présent : le consommateur. Les agences de publicité, les patrons de presse et les journalistes n'ont plus le contrôle du message. De vrais consommateurs, dotés d'un véritable pouvoir de communication, ont aussi voix au chapitre.

Les médias traditionnels sont même dépassés par l'influence des consommateurs. Même l'opinion d'un seul consommateur finit par avoir bien plus d'impact qu'une publicité.

Figurez-vous que rien n'est plus influent qu'un jeune avec un blog.

Songez au point de vue de Google. Supposons qu'un éventuel client recherche des informations sur vous. Votre quotidien préféré n'est qu'un média parmi d'autres, et Google ne fait apparaître qu'un seul lien vers l'article qui vous a été consacré l'année dernière. En revanche, Google peut faire apparaître en tête de liste plusieurs dizaines de commentaires ou de pages de blogs qui parlent de vous. Les moteurs de recherche aiment les blogs, et il existe bien plus de blogs que de journaux.

Tous ces petits commentaires écrits par des consommateurs ont bien plus de lecteurs potentiels qu'un entrefilet dans un média traditionnel. Le bouche à oreille bat à plates coutures la publicité et le journalisme.

Ce déplacement du pouvoir des médias vers les consommateurs est lié à quelques nouvelles réalités : la participation des consommateurs, la large diffusion de l'opinion publique et le brouillage des médias traditionnels avec le bouche à oreille.

En un mot, le bouche à oreille fait maintenant partie des médias de masse. Nous allons voir maintenant comment ce changement s'est produit.

La participation de masse, ou comment faire partie des critiques

Dès l'instant où Amazon vous a demandé de rédiger un avis, et dès le jour où eBay vous a permis de noter un vendeur, nous sommes devenus une communauté de critiques en charentaises.

L'échange d'opinions, qui se faisait auparavant à petite échelle, entre amis, fait maintenant partie de notre culture. Bien sûr, le bouche à oreille a toujours existé, mais il ne faisait pas partie de notre quotidien de la même manière qu'aujourd'hui.

Des millions de gens publient sur Internet des avis concernant des produits. Il existe des sites Internet permettant de partager des avis sur les artisans, les restaurants, les magasins et sur bien d'autres prestataires situés dans n'importe quelle ville. Des millions de gens tiennent aussi leur propre blog, fréquentent des réseaux sociaux ou lisent les avis des autres.

Depuis qu'Amazon a commencé à publier les avis des consommateurs sur son site Internet à l'automne 1995, plus de la moitié des grands revendeurs en ligne, de même que d'innombrables sites spécialisés, lui ont emboîté le pas. On leur doit une consignation écrite massive et permanente du bouche à oreille pour pratiquement tous les produits et tous les services imaginables.

Cependant, le bouche à oreille en dehors d'Internet est encore plus considérable, et il en a toujours été ainsi. Avant d'acheter quelque chose, avant de nous rendre dans un magasin, nous en parlons à un ami ou à un proche.

Enfin, nous échangeons tous nos impressions sur votre entreprise, même lorsque personne n'a rien demandé.

Des gens comme moi

Il ne s'agit pas seulement du fait qu'aujourd'hui, tout le monde exprime publiquement son avis sur tout.

Nous ne nous fions plus autant qu'avant à l'avis des critiques professionnels. Nous ne nous contentons plus de lire les recommandations des revues de consommateurs pour savoir quelle cuisinière acheter. Nous n'écoutons pas aveuglément les critiques de cinéma. Nous écoutons plutôt nos amis, et surtout ces millions d'amis qui publient des avis, qui ont leurs propres sites Internet et qui nous disent à tout moment ce qu'ils aiment et ce qu'ils n'aiment pas.

Dans les sondages, quand on demande aux gens à qui ils s'adressent pour savoir quel produit acheter, ils répondent généralement en utilisant la même expression : « Des gens comme moi. » Nous nous fions surtout à l'opinion des gens qui nous ressemblent. On se demande pourquoi les entreprises continuent de payer des spots publicitaires avec des acteurs et des figurants, alors que nous préférons suivre les conseils des vrais consommateurs.

Cette confiance envers les vrais consommateurs est encouragée par un grand nombre de sites Internet. Amazon distingue, parmi les internautes qui publient des avis, ceux qui font connaître leur vrai nom. Sur un certain nombre de sites, on peut noter les critiques, si bien qu'il existe un bouche à oreille sur le bouche à oreille.

Il serait impossible de rencontrer chacune des personnes qui publient un avis, mais cette voix qu'elles font entendre – notre voix – exerce une influence notable sur nos décisions.

Les entreprises de vente en ligne facilitent ce phénomène en nous permettant de connaître l'opinion d'un grand nombre de gens qui sont comme nous. Nous ne connaissons pas tous ceux qui publient des critiques sur Internet, mais nous pouvons nous fier à l'opinion d'un vaste groupe de personnes. Il est difficile de ne pas remarquer 139 critiques négatives, de même que 400 critiques positives nous permettent de penser qu'il s'agit sans doute d'un bon produit. Même en accordant plus de poids à l'avis d'un spécialiste qu'à celui de n'importe quel amateur, on ne saurait faire abstraction d'une avalanche de critiques ou de louanges.

Enfin, si cela ne suffisait pas, pratiquement tous les sites qui publient les critiques des consommateurs analysent et synthétisent les données pour nous. Nous pouvons voir quel est le nombre moyen d'étoiles qu'obtient un produit avant même d'avoir atteint la page de description de ce produit.

Quiconque a quelque chose à vendre ne peut plus ignorer que « les gens comme moi » sont là, et qu'ils échangent leurs impressions sur tout ce qu'ils achètent.

La diffusion de masse : ce que nous disons se propage partout

Aux États-Unis, une célèbre publicité pour un shampooing disait : « Elle en a parlé à deux amies, qui en ont parlé chacune à deux amies, etc. » Bien sûr, les choses ne se passent pas réellement ainsi. Vous en parlez à deux amies, l'une d'elles en parle à sa sœur, etc.

Tout a changé avec l'avènement d'Internet, où la diffusion de masse est garantie. Lorsque même un simple e-mail peut être transféré à 500 personnes (qui pourront chacune, à leur tour, le retransmettre à toutes leurs connaissances), la parole se propage plus vite que l'on ne pourra jamais espérer la contrôler.

Auparavant, en passant des annonces publicitaires sur trois grandes chaînes de télévision, on pouvait toucher 80 % des acheteurs potentiels. Aujourd'hui, n'importe qui peut toucher la plupart de vos futurs clients avec quelques commentaires en ligne judicieusement placés. Le moins qu'on puisse dire est que l'équilibre des pouvoirs s'en trouve modifié.

Ah, si seulement on pouvait poster devant chacun de vos produits, dans tous les magasins du monde, un vendeur qui en chanterait les louanges ! Ce n'est évidemment pas possible, mais les consommateurs peuvent très bien exprimer de telles louanges sur les sites Internet des magasins, à proximité du bouton « Ajouter au panier ».

Les blogs permettent au bouche à oreille de se propager plus rapidement. N'importe qui peut librement créer un blog en cinq minutes et y publier quelque chose sur vos produits ou sur votre entreprise et, dès lors, tout le monde y aura accès. Ce n'est pas parce qu'un commentaire est publié que des gens le liront, mais il arrivera souvent qu'un blogueur crée un lien vers cette page et la fasse connaître à deux autres internautes, lesquels transmettront à leur tour l'information à d'autres, etc. En outre, chaque fois qu'un acheteur potentiel effectuera une recherche, ce petit commentaire s'affichera.

Les médias traditionnels et le bouche à oreille sont liés à jamais

Nos médias étaient auparavant l'affaire de professionnels, mais ces pages de textes impeccables, rédigées par des journalistes, supervisées par des rédacteurs en chef et vendues sous forme de produit fini bien fignolé font partie du passé. Le temps du public captif qui découvrait de belles annonces dans un journal acheté en kiosque est révolu.

L'actualité est désormais servie à la carte par les moteurs de recherche et les blogueurs. Les événements ne nous parviennent pas toujours dans leur présentation initiale. Souvent, un lien nous mène sur la page d'un internaute dont le blog met en relation ce que nous cherchions avec une chose dont nous n'avions pas connaissance, à travers un lien vers un site plus important. Sur Internet, les contributions des consommateurs sont insérées dans des pages, et les moteurs de recherche établissent des liens entre nos messages et un ensemble de propos écrits. Les blogueurs réarrangent tout cela et le republient à l'attention d'un public plus large.

Même un article de journal ne peut plus être écrit sans tenir compte de la voix des consommateurs. Les sites des journaux présentent souvent des liens vers des blogs et acceptent maintenant les commentaires des lecteurs. La version officielle d'un événement est présentée de façon statique sur une page et des liens s'affichent en regard, pointant vers des blogs ou des commentaires, sans même que quelqu'un filtre l'information.

Imaginons qu'un jeune représentant en relations publiques tombe sur un fait concernant un de ses clients dans un journal. Il en informe ses collègues par courrier électronique, puis se rend dans le bureau de son patron. Cependant, le temps qu'il informe son patron et que celui-ci trouve la page Internet correspondante, les faits sont déjà déformés de façon horrible.

Vous devez faire en sorte que le bouche à oreille soit de bonne qualité. Vous ne pouvez pas contrôler la conversation des consommateurs, par conséquent n'oubliez pas que le travail de relations publiques n'est pas terminé au moment où l'article est écrit. L'objectif est d'obtenir de façon régulière un bouche à oreille positif.

Pour les entreprises qui ne tiennent pas leurs promesses, les moteurs de recherche peuvent être plus redoutables encore. Supposons que vous investissiez des sommes importantes dans une campagne de marketing sur les moteurs de recherche. De jolies petites annonces sont disposées en bas de la page, sur le côté, et le message qui y est inscrit est en substance : « Cliquez ici, nous sommes formidables. » Les liens occupant le milieu de la page émanent d'un public que vous avez intérêt à séduire, sinon leurs critiques éclipseront vos annonces.

Imaginons le cas d'un câblo-opérateur qui ne cesse de mécontenter sa clientèle en lui faisant rater des rendez-vous virtuels, en offrant une qualité de service incroyablement mauvaise, etc. En surfant sur Internet, que voyons-nous concernant cette compagnie ? Des annonces publicitaires onéreuses, des articles de presse et des dizaines de milliers de commentaires d'internautes en colère. Il est bon de s'apercevoir que cette compagnie ne peut pas se payer une annonce publicitaire sans que celle-ci s'affiche conjointement avec le commentaire d'un client mécontent.

Comment est-ce possible ? Comment un seul blogueur, avec sa liste de récriminations, peut-il avoir davantage d'impact qu'un grand magazine national ? L'explication est que cet individu fait partie d'une communauté d'internautes : une communauté qui cherche à s'informer sur des choses qui comptent pour ses membres, et au sein de laquelle les avis circulent par le bouche à oreille. Quand un membre de cette communauté vitupère contre un logiciel qui a accidentellement effacé le contenu de son disque dur, des centaines d'autres sites répercutent ce coup de colère et l'agrémentent chacun d'une suite de commentaires. Quiconque tombe sur l'une de ces conversations peut accéder immédiatement à l'information initiale et savoir quel est l'éditeur de logiciels qui a mis en panne l'ordinateur d'un utilisateur.

Quand tous les commerçants auront appris à respecter le bouche à oreille des consommateurs, le marketing sera devenu une discipline plus noble.

Les blogs et autres sites Internet sont maintenant mille fois plus nombreux que les journaux ou magazines traditionnels. Il existe aujourd'hui davantage d'avis individuels indépendants que de journalistes professionnels, et l'accès à ces nouveaux modes d'expression étant plus simple, plus rapide et moins onéreux, la parole se propage mieux.

Apprenez à travailler dans ce monde en folie. Sachez-le, on parle déjà de vous dans une conversation qui est intense, active et omniprésente.

Ceux qui continueront d'ignorer cette conversation seront dépassés et perdus, et ils se retrouveront sur la touche. Au contraire, ceux qui apprendront à travailler en collaboration avec les consommateurs, à participer à la conversation et à faire fonctionner tout cela de manière positive réussiront.

N'hésitez plus. Lancez-vous, et intervenez.

2. Le marketing, c'est ce que vous faites et non pas ce que vous dites

Annonceurs, ce n'est plus à vous de nous dire ce que nous devons penser de vous !

Vous n'êtes pas ce que disent vos annonces et vos logos. Vous n'êtes pas ce que vous voulez que votre entreprise soit. Vous n'êtes pas cette image idyllique soigneusement fabriquée et projetée à travers un message publicitaire.

Vous êtes la somme de ce que les gens font et ressentent lors de leurs relations avec votre personnel. Vous êtes ce que des gens en chair et en os vivent au contact de votre entreprise et de vos produits.

Le marketing, c'est ce que vous faites et non pas ce que vous dites. Ce qui se propage par le pouvoir du bouche à oreille, c'est ce qui existe vraiment, par-delà toutes les actions de marketing. Si vous proposez de bons produits ou de bons services, on dira du bien de vous. Si vous ne vous montrez pas à la hauteur, cela se dira également.

Gravez cela sur vos murs : ce qui vous définit, c'est l'expérience des utilisateurs de vos produits.

Compte tenu de la rapidité et du pouvoir du bouche à oreille assisté par Internet, il n'est pas possible d'ignorer cette réalité. Il y a quelques années encore, on pouvait lancer un produit moyen à grand renfort de publicité et espérer que les mauvaises critiques ne se répandraient pas avant qu'un grand nombre de consommateurs l'aient déjà acheté. On pouvait vendre un produit pendant un certain temps avant que les gens ne prennent conscience de sa médiocrité.

Dans le monde dans lequel nous vivons désormais, il en va tout autrement. Les critiques, les commentaires sur les blogs et les échanges d'e-mails commencent à se multiplier aussitôt qu'un nouveau produit arrive sur le marché. Il n'est plus possible d'abuser les gens avec un mauvais produit, sachant que le public l'aura jugé en l'espace de vingt-quatre heures. La meilleure campagne de publicité ne peut pas grand-chose pour une voiture qui tombe sans arrêt en panne.

Lorsque vous envisagez de commercialiser un nouveau produit, pensez à ce que les consommateurs, une fois qu'ils l'auront utilisé, diront de ses fonctionnalités, de sa qualité et de votre attitude à leur égard.

Nous avons parlé du pouvoir d'un seul critique non professionnel, vous en souvenez-vous ? Ce critique ne soutiendra pas un produit de mauvaise qualité, et il ne restera certainement pas silencieux en voyant ce produit vanté par des publicités tape-à-l'œil assorties de promesses douteuses. Au moment où la télévision diffusera votre premier spot publicitaire, divers blogs et autres sites Internet regorgeront déjà de plaintes et de critiques amères.

Un consommateur qui entend parler d'une mauvaise expérience d'achat a peu de chances de mettre les pieds dans le magasin en question. Sachant qu'une personne ayant eu une mauvaise expérience avec votre produit le fera savoir autour d'elle, vous pouvez imaginer à quel point le bouche à oreille peut vous causer du tort dans le monde réel.

La seule chose à faire est donc de veiller à ce que l'expérience du public auprès de votre entreprise soit toujours positive. Faites de bons produits. Traitez bien le public. Faites en sorte que l'on recommande vos produits, votre marque ou votre enseigne. Renoncez à une partie de votre budget publicitaire au profit du service à la clientèle, sachant que l'expérience de vos clients suscitera davantage de bouche à oreille et, par ce biais, davantage de ventes que toute autre forme de publicité.

Un bouche à oreille positif, comme l'amour, ne peut pas être contrefait. Le bouche à oreille sera le reflet de l'expérience réelle de vos clients réels. Aucune campagne de publicité ne pourra jamais changer cela.

Vos clients continueront de parler de vous si leur expérience est en accord avec ce que vous leur avez annoncé : si le service est de bonne qualité, s'ils ne rencontrent pas de problèmes et si toutes vos promesses sont tenues. Ils reviendront vers vous parce que c'est vous qui les intéressez.

Une grande idée : le succès n'est pas lié à ce que vous annoncez, mais à ce que vous vendez.

Ce qui définit votre entreprise, ce n'est pas ce que vous en dites, mais ce que les qualités de vos produits et de votre service inspirent aux consommateurs. Ce qui restera, par-delà tout le marketing, c'est ce que le public aura propagé dans les médias. Aucune forme de manipulation, de dissimulation ou de persuasion ne peut sauver un mauvais produit ou une mauvaise entreprise.

En faisant ce que vous dites et en choisissant de faire de mieux en mieux, vous développerez votre activité.

3. Des publications permanentes

On pensait que le contenu publié sur Internet était temporaire, mais on sait maintenant que sur Google, rien ne disparaît.

Une campagne ratée, un consommateur furieux, un article défectueux, un commentaire sur un blog, un égarement de la part d'un responsable du service client, tout cela reste accessible indéfiniment.

Vous avez donc une nouvelle mission à remplir, à savoir faire en sorte que des appréciations positives soient également publiées de façon permanente : un produit merveilleux, un personnel qui en a fait davantage pour satisfaire un client, un problème résolu, une réponse très satisfaisante apportée suite à une réclamation.

En tant que praticien du marketing du bouche à oreille, vous devez veiller à ce que l'aspect humain de votre entreprise et de votre activité soit visible. Participez, rectifiez, promettez, amusez, satisfaites, soutenez et surprenez.

Corriger l'information qui sera enregistrée de façon permanente

Admettons-le, nous connaissons tous des moments où nous devons un peu lâcher prise. L'important n'est pas de ne jamais commettre la moindre erreur et de ne jamais s'attirer la moindre critique : ce qui compte, c'est plutôt la manière dont vous gérez cela. Vous ne pourrez jamais exercer de contrôle sur la conversation dans la blogosphère. N'essayez surtout pas.

Ce que vous pouvez faire, en revanche, c'est participer, susciter le respect et dire ce que vous avez à dire. Lancez-vous, rejoignez la conversation. Vous pouvez faire en sorte qu'elle se termine sur une note positive et que votre point de vue soit connu. Devenez membre de la communauté.

Commencez à vous demander quel type d'expérience vous réservez à votre clientèle et qu'est-ce qui en restera sur le papier et sur Internet. Réfléchissez à la qualité du service client et à la façon dont une mauvaise réponse à un appel téléphonique sera répercutée par le bouche à oreille. Comparez cela à la manière dont un petit quelque chose de spécial peut susciter des discussions et rester dans la mémoire des gens.

Un meilleur emploi d'une ressource humaine

Pourquoi ne pas recruter un salarié (ayant une bonne élocution de préférence) pour gérer le bouche à oreille au niveau du service client ? Confiez à un employé peu qualifié la tâche de recenser sur Internet tout le bouche à oreille qui se rapporte à votre société et à vos produits.

Quand vous recevez des louanges, exprimez votre reconnaissance. Quand les gens se plaignent, excusez-vous et remédiez au problème.

Chaque fois qu'un problème n'est pas résolu, c'est un client mécontent de plus qui va propager un bouche à oreille négatif. Ne prenez pas cela à la légère. Tout problème est une opportunité de corriger l'impression que vous laissez durablement dans le monde et de terminer sur une note positive.

Nous faisons tous des erreurs, mais vos erreurs resteront éternellement visibles sur Internet.

Donnez donc le meilleur de vous-même. Concentrez-vous sur le meilleur.

4. L'honnêteté est l'essence du bouche à oreille

S'il est une vérité importante concernant le bouche à oreille, c'est que la vérité revient toujours à la surface. Tout ce qui compte désormais, c'est la vérité concernant votre entreprise, vos produits, vos services et votre personnel.

Vous ne pourrez pas dissimuler la mauvaise qualité derrière une campagne de publicité. Vous ne pourrez pas dissimuler la mauvaise qualité d'un service derrière une grande enseigne. Vous ne pouvez pas vous mentir à vous-même, et vous ne pouvez pas mentir à votre clientèle.

Compte tenu du bouche à oreille et du pouvoir qu'ont acquis nouvellement les consommateurs, ceux qui commercialisent de mauvais produits ou qui ne respectent pas les acheteurs ne peuvent plus, désormais, s'en tirer sans encombre.

Le bouche à oreille rend tout marketing plus honnête

Le bouche à oreille joue comme un cercle vertueux en obligeant les entreprises à faire attention aux consommateurs. Il oblige les annonceurs à sortir de leur isolement et à se confronter à la réalité de l'impact de leurs produits et de leur marketing sur les acheteurs. Il place le consommateur à la présidence de la table du conseil.

Le bouche à oreille protège les consommateurs en leur permettant d'avoir leur mot à dire. Il donne aux gens le pouvoir d'exprimer leur insatisfaction et de démasquer la malhonnêteté.

Ceux qui pratiquent le marketing du bouche à oreille sont ceux qui ont appris à écouter. Nous n'avons pas le choix. Nous ne pouvons exercer notre activité commerciale que si des consommateurs sont disposés à relayer notre message. Nous devons donc les satisfaire et les rendre heureux. Le marketing du bouche à oreille est en plein essor parce que les annonceurs commencent enfin à comprendre qu'un client heureux est la meilleure publicité possible.

La publicité traditionnelle va mal, car les consommateurs ne lui font plus confiance, ils voient au-delà et ils s'en détournent. Quand les consommateurs font confiance aux annonceurs, ils recommandent leurs produits. Quand tous les annonceurs auront appris à considérer avec respect le bouche à oreille des consommateurs, le marketing sera plus honnête.

C'est là une bonne chose pour l'avenir du marketing. Tous les annonceurs devraient se hisser à la hauteur de ce nouveau standard, pas seulement parce qu'il est juste, mais aussi parce qu'un marketing honnête rapporte plus.

5. Les mathématiques de la satisfaction du client

Le pouvoir du bouche à oreille change fondamentalement la donne dans le monde des entreprises.

Quand on prend en compte l'impact du bouche à oreille, ce qui paraissait profitable cesse parfois de l'être. Des idées qui semblaient judicieuses apparaissent souvent ridicules. Malheureusement, rares sont les entreprises qui le comprennent, car les états financiers habituels ne tiennent pas compte des effets du bouche à oreille.

Quand on comprend la mécanique en jeu, on s'aperçoit qu'il est payant de traiter les gens avec respect.

Dans l'un des plus grands hôtels de Las Vegas, l'utilisation des salles de sport coûte 27 dollars la journée. Certes, les hôtels coûtent cher, mais c'est tout de même scandaleux. Que croyez-vous que les clients racontent à leurs amis, une fois rentrés chez eux ? Leur parlent-ils de l'aquarium de 80 000 litres qui se trouve dans le hall de l'hôtel ? Leur impression générale de leur séjour est sans doute positive, mais on peut penser qu'ils ajoutent que les clients se font plumer comme des dindons, car tout est payant. À la piscine de l'hôtel, il faut aussi payer 20 dollars la location d'une bouée. Allez donc expliquer à vos enfants que vous devez économiser l'argent qu'il vous reste. Quel bouche à oreille propageront les parents frustrés ?

Bien sûr, cela fait longtemps que les hôtels font la même chose, quand ils facturent des sommes grotesques pour les appels téléphoniques passés dans les chambres. La différence, aujourd'hui, c'est que les hôtels font l'objet de critiques sur Internet. Ces critiques sont publiées tout de suite, et elles ne sont jamais effacées. La différence, aujourd'hui, c'est que nous pouvons discuter de ces pratiques fâcheuses avec des milliers de gens comme nous. C'est précisément le genre de pratiques qui produit du bouche à oreille négatif et qui, même s'il peut vous permettre de gagner plus d'argent à court terme, finit par être préjudiciable à votre activité.

Quelque part, un comptable examine sa feuille de calcul et se dit : « Voyons, 300 personnes par jour, à raison de 27 dollars par tête, cela nous fait 8 100 dollars par jour, soit presque 3 millions de bénéfice annuel. » Le problème est que, apparemment, personne ne s'intéresse à l'autre extrémité de la feuille de calcul, celle qui montre combien de clients ont chaque jour le sentiment de se faire rouler par l'hôtel. La comptabilité traditionnelle ne tient pas compte du nombre de clients floués qui ont décidé de ne jamais revenir dans cet hôtel, ni du nombre d'amis et de proches qui seront au courant. Je suis prêt à parier qu'ils perdent bien plus en termes de fidélisation et de recettes hôtelières que ce qu'ils gagnent avec les salles de sport.

L'un des plus fameux exemples de bouche à oreille par e-mail que l'on puisse trouver est le diaporama « *Yours is a Very Bad Hotel* » concocté par deux hommes d'affaires frustrés qui, arrivés tard dans la nuit à un hôtel Doubletree, avaient constaté que leur chambre, malgré une réservation garantie, avait été donnée à quelqu'un d'autre. Ils ont alors préparé une présentation PowerPoint cinglante et caustique de cette expérience. Au cours de ces dernières années, des millions de gens en ont fait circuler la copie autour d'eux. Doubletree a fini par leur présenter ses excuses, mais le mal était fait.

3 problèmes de mathématiques

De nos jours, tous ceux qui commercialisent des produits semblent obsédés par la mesure des résultats. Intéressons-nous à quelques problèmes de calcul (en réalité, ce sont plutôt des problèmes de réflexion).

Problème n° 1

Nous venons d'investir 100 000 euros dans une campagne de publicité sur les moteurs de recherche. Notre annonce apparaît à côté de celles de trois concurrents, à droite des résultats de recherche.

Cependant, le deuxième et le septième résultat pointent sur le site Internet d'un client en colère et font apparaître la phrase : « Cette marque ne vaut rien. »

Quel est le coût de notre campagne d'acquisition ? Combien d'argent venons-nous de gaspiller ? Combien de clients le mauvais bouche à oreille a-t-il détournés vers les annonces de nos concurrents ? Combien d'internautes ont cliqué sur les liens aboutissant aux commentaires négatifs ?

Problème n° 2

Nous avons dépensé 5 millions d'euros pour développer et lancer un nouveau produit. Deux acheteurs grincheux publient un avis négatif sur Amazon. D'autres mauvaises critiques s'y ajoutent. Finalement, sur 125 avis, la moyenne est d'une étoile et demie sur cinq (sachant que la plus mauvaise note possible est une seule étoile). Un de ces mêmes clients grincheux publie des critiques négatives sur trois autres sites. Il n'y a plus aucun client à l'horizon.

Quelle sera la durée de vie de ce produit ? Quel montant investi dans son développement sera perdu parce que nous n'avons pas anticipé le bouche à oreille ? Quels seront les dommages collatéraux sur nos autres produits ?

Les pires critiques jamais écrites

ACT! était l'un des plus fameux logiciels de gestion de contacts qui aient jamais existé. Mon père m'en avait donné une version 2.0 en 1988 (eh oui, en 1988) et je m'en suis servi jusqu'en 2004. Ensuite, on m'a vendu une mise à jour coûteuse qui était complètement nulle.

Des centaines de personnes ont pensé la même chose. Il suffit d'examiner un échantillon des titres des commentaires négatifs, dont le nombre dépasse 125, sur Amazon en 2005 :

Un grand pas en arrière. Ne gaspillez pas votre argent. Ce produit est de la m… ! La pire mise à jour que j'aie jamais vue. Le logiciel le plus lent jamais programmé. Chaque mise à jour

→

bousille ma base de données !!! Une punition quotidienne pour l'utilisateur. Version à éviter. Perte de temps. TRÈS MAUVAIS PRODUIT. Ne faites pas ça ! Inutilisable ! Poubelle. Catastrophe. À éviter !!!... et une centaine d'autres dans ce genre.

Les créateurs d'ACT! croyaient qu'ils avaient une clientèle assurée, ils ont commercialisé un mauvais produit et le bouche à oreille lui a été fatal.

Problème n° 3

Nous avons financé une campagne d'e-mails qui ont été envoyés vers un million d'adresses électroniques d'internautes ayant accepté de les recevoir (du moins nous l'espérions). Nous obtenons 1 % de clics et nous concluons avec 10 % de ces internautes, ce qui nous fait 1 000 nouveaux clients. Cependant, 10 000 internautes ne se souviennent pas avoir accepté de recevoir de tels e-mails. Ils en sont donc indisposés et décident de ne plus jamais rien nous acheter. En outre, chacun déclare à cinq de ses amis que nous lui avons envoyé du spam. Environ 2 000 d'entre eux étaient nos clients, et les voilà montés contre nous. Et chacun d'eux transmet la nouvelle à cinq de ses connaissances.

Combien de prospects avons-nous perdus à jamais ? Leur valeur potentielle pour nous ne dépasse-t-elle pas la valeur des nouveaux comptes que nous avons acquis ? Quelle est la perte de recettes résultant du mécontentement de nos clients qui nous quittent parce qu'ils pensent que nous envoyons du spam ? Que se passe-t-il quand les gens commencent à raconter sur les blogs que nous leur envoyons du spam ?

Quand un centime économisé est un centime perdu

Intéressons-nous à présent à un autre exemple ô combien courant de mauvais calcul : la sous-traitance du service client (je ne parle pas de la délocalisation en particulier, sachant que la mauvaise qualité du service dans le domaine de la téléphonie est équitablement partagée, au sens où cette calamité transcende les appartenances ethniques et religieuses et les nationalités).

L'une après l'autre, les compagnies s'efforcent de réaliser des économies sur le service à la clientèle, mais en vain. Quand on tient compte du bouche à oreille, on s'aperçoit que tout fléchissement du service à la clientèle est une catastrophe en termes de marketing.

Tout est basé sur la notion de « résolution au premier appel », c'est-à-dire au nombre de clients satisfaits dès leur premier appel téléphonique. Dès que ce nombre décroît, le bouche à oreille devient un poison.

Songez à ce qui peut se produire chaque fois qu'un correspondant raccroche son téléphone sans que son problème soit résolu. Il se fâche. Il en parle à ses amis. Le bouche à oreille commence à se propager, et ce n'est pas très joli. Chaque jour qui passe sans que le problème soit réglé, c'est un nouveau flux de bouche à oreille négatif qui se répand.

Faites le calcul. Vous économisez 5 euros en recourant aux services d'un centre d'appels délocalisé, mais comme le client est obligé d'appeler deux fois, vous payez deux fois.

Mettez ensuite dans la balance toutes ces personnes que ce client en colère a prévenues. Remplacer tous ces clients potentiels, combien cela va-t-il vous coûter ?

Un mauvais service coûte cher, surtout si vous tenez compte des dépenses de marketing nécessaires pour compenser tous les clients perdus à cause d'un bouche à oreille négatif.

C'est une question de résultat

Votre réputation a de la valeur. Vous devez en tenir compte dans votre bilan et dans vos projets. Qu'il s'agisse de la qualité fondamentale de vos produits, de la fiabilité et de la courtoisie de votre service clientèle ou d'une campagne de marketing ou de ventes en particulier, vous devez tenir compte de l'impact du bouche à oreille sur votre résultat final.

6. Le marketing du bouche à oreille vous fait gagner plus

Cette page est celle qui rentabilise l'achat de ce livre (montrez-la à votre patron).

Le bouche à oreille est la forme de marketing la plus rentable. Rien d'autre, je dis bien rien d'autre ne vous fera gagner autant. Considérez tout ce qui suit :

- *Des coûts réduits pour l'acquisition d'une clientèle.* L'obtention de clients par le bouche à oreille ne vous coûte rien. Chaque client ainsi gagné représente une baisse du coût moyen de votre activité.
- *Une publicité gratuite.* La promotion par le bouche à oreille ne vous coûte rien du tout.
- *Des résultats meilleurs que ceux d'une campagne de publicité traditionnelle.* Le bouche à oreille propage vos messages publicitaires tout autour de vous.

- *Des vendeurs plus productifs.* Un bouche à oreille positif permet à vos vendeurs de conclure plus souvent et plus facilement.
- *Davantage d'acheteurs potentiels.* Chaque jour, des prospects qui ne vous ont rien coûté vous sont envoyés par des gens qui vous recommandent.
- *Une réduction de vos coûts de service à la clientèle.* En participant à la conversation publique, vous répondez à davantage de questions, si bien que moins de gens ont besoin d'appeler.
- *Une réputation plus solide.* Les recommandations émanant du public renforcent peu à peu votre notoriété.

L'impact net est le suivant : davantage de ventes, un meilleur retour sur investissement et moins de coûts. Non seulement le bouche à oreille vous permet de gagner davantage grâce à de nouveaux clients, mais il rend l'ensemble de votre activité commerciale plus rentable.

Tout cela nous conduit à une autre conclusion importante, à savoir que des clients satisfaits qui propageront un bouche à oreille positif constituent votre atout le plus précieux. Pour vos clients, vous avez donc trois choses à faire :

1. Les protéger.
2. Les traiter avec respect.
3. Les écouter.

De cette manière, votre marketing sera meilleur et votre entreprise sera meilleure également. Pour survivre et pour prospérer, assimilez cette leçon.

3

Le manifeste du marketing du bouche à oreille

1. L'éthique prime sur tout le reste.
2. Des clients heureux sont votre meilleure publicité. Rendez les gens heureux.
3. Le marketing, c'est facile. Gagnez le respect de vos clients pour qu'ils vous recommandent. Vos clients feront votre marketing à votre place et ils le feront gratuitement.
4. Un service de qualité alimente des conversations favorables.
5. Le marketing, c'est ce que vous faites et non pas ce que vous dites.
6. Le bouche à oreille négatif est une opportunité : écoutez et instruisez-vous.
7. La conversation a déjà cours. La seule chose à faire est d'y participer.
8. Soyez intéressant, ou soyez invisible.
9. Ce qui ne vaut pas la peine qu'on en parle ne vaut pas la peine d'être réalisé.
10. Faites que l'histoire de votre entreprise soit une histoire édifiante.

→

11. Il est plus agréable de travailler dans une entreprise dont les gens aiment parler.
12. Utilisez le pouvoir du bouche à oreille pour que les entreprises soient obligées de mieux traiter leurs clients et clients potentiels.
13. Dans le domaine du marketing, l'honnêteté paie.

PARTIE 2
COMMENT VOUS Y PRENDRE

4 Mettre en action les 5 T

Élaborer un plan marketing du bouche à oreille pratique

La première partie de ce livre vous a apporté les éléments nécessaires pour comprendre le phénomène du bouche à oreille : pourquoi les gens parlent, et pourquoi les entreprises doivent travailler avec le bouche à oreille.

Le reste du livre est entièrement consacré aux mesures pratiques que vous pouvez prendre pour qu'on parle de vous (et pour que votre message se propage rapidement et loin). Nous allons discuter des techniques que vous pouvez utiliser, en les illustrant de nombreux exemples concrets.

Dans certains cas, il s'agira d'exemples dont vous pourrez faire une application immédiate.

Certains exemples ne concerneront pas du tout votre activité, mais tout ce que vous allez lire vous permettra de mieux appréhender ce que vous pouvez faire pour susciter le bouche à oreille. En lisant les exemples et les méthodes, songez à la façon dont vous pourriez les adapter à votre propre entreprise. Il existe de nombreuses manières d'adapter chacune des idées suggérées dans ce livre.

N'oubliez pas que, dans chaque exemple, le bouche à oreille est par nature original : autrement, personne n'en dirait rien ! Considérez les exemples et les idées contenus dans ce livre comme autant de modèles destinés à vous aider à reconnaître les opportunités de lancer un bouche à oreille positif lorsqu'elles se présentent.

Par conséquent, modifiez, accommodez et repensez tout ce que vous lirez ici, jusqu'à ce que tout vous semble adapté à votre propre situation. Ce livre n'est ni un mode d'emploi ni un livre de recettes. Il n'existe aucune formule particulière pour créer un bon bouche à oreille. Compulsez et arrangez tout cela jusqu'à obtenir quelque chose d'intéressant. À un moment donné, vous aurez mis au point une méthode efficace.

Trouvez vos 5 T

Pour élaborer votre plan d'action, vous devez passer par les 5 T et les appliquer à votre situation. Les chapitres qui suivent vous permettront de travailler en détail sur chacun de ces 5 points. Vous y trouverez des explications concernant les techniques les plus courantes et les plus efficaces, et des suggestions sur la façon de les utiliser.

Servez-vous de la fiche suivante comme d'un récapitulatif pratique, et notez-y les éléments de votre plan (pour un autre exemplaire de cette fiche, aller sur Zenbusiness.fr).

Les 5 T du marketing du bouche à oreille

POINTS	QUOI FAIRE	EXEMPLES	VOTRE PLAN
Talkers (les personnes)	Trouvez des gens qui parleront de vous.	Fans, bénévoles, clients, blogueurs, personnes influentes.	
Topics (les sujets de conversation)	Donnez aux gens une raison d'en parler.	Offre spéciale, service remarquable, produit intéressant, gadget, annonce astucieuse, nouvelle fonctionnalité.	
Tools (les outils)	Faites en sorte que le message puisse se propager plus vite et plus loin.	E-mail facile à envoyer, lien « Informer un ami », blog, échantillons, discussions en ligne.	
Taking part (votre participation)	Prenez part à la conversation.	Répondre aux remarques, participer aux médias sociaux, à la conversation.	
Tracking (le suivi)	Prenez la mesure de ce qui se dit et comprenez ce qui se dit.	Chercher les blogs, lire les discussions, écouter les avis, utiliser des outils de mesure avancés.	

Faites que cela reste simple

Si l'essentiel est au point, on parlera de vous.

Le bouche à oreille est toujours original : autrement, personne n'en dirait rien !

Les techniques que je propose peuvent quelquefois être compliquées ou onéreuses, mais le plus souvent, elles sont faciles et peu coûteuses. En règle générale, commencez par le plus simple. C'est souvent très efficace. Une campagne de bouche à oreille compliquée peut aussi être efficace, mais seulement pour certaines entreprises ou pour certains secteurs d'activité particuliers. Il est normal que cela ne fonctionne pas nécessairement dans votre cas.

Si vous avez un site Internet, voici une technique facile : mettez sur chaque page un lien « Informer un ami ». Faites en sorte qu'il soit très facile de propager l'information dès qu'on a envie de le faire. Faites en sorte que ce lien permette d'envoyer un e-mail bien conçu que le destinataire aura envie de transférer à ses contacts.

En voici une autre, si vous tenez un commerce de détail : achetez de beaux sacs à provisions, un modèle de sac que les clients conserveront et réutiliseront encore et encore. Faites imprimer dessus votre logo, avec un design bien étudié. Ainsi, toute une horde de consommateurs satisfaits porteront et montreront vos couleurs partout où ils passeront. Ces sacs deviendront un sujet de conversation (c'est Bloomingdale's, une chaîne de grands magasins américaine, qui a inventé ce système, avec son « *Big Brown Bag* », et les gens aiment tellement ce sac qu'ils sont prêts à le payer). Chaque consommateur devient un agent potentiel du bouche à oreille dès qu'il a dans les mains de quoi lancer une conversation.

En voici une autre, si vous êtes le patron d'un restaurant : quand des clients attendent leur table, offrez-leur quelque chose à manger en attendant. Un peu partout, on trouve des restaurants qui appliquent cette idée. Lou Mitchell's, à Chicago, vous offre des petits beignets et des petits bonbons enrobés de chocolat. À Chicago, tout le monde le sait, et tout le monde en parle. Personne ne vous dira : « Mon vieux, il faut que tu goûtes au moins une fois au sandwich à la dinde de Lou Mitchell's », mais les beignets et les bonbons sont les premières choses que l'on mentionnera quand vous vous ferez conseiller un restaurant dans ce quartier.

Quelle que soit votre activité, posez-vous les questions suivantes chaque fois que vous voulez gagner un nouveau client :

- Une fois reparti, qu'aura-t-il reçu dont il pourra parler autour de lui ?
- Qu'est-ce qui fera qu'il n'oubliera pas d'en parler autour de lui ?
- Pourrais-je faire en sorte qu'il parle plus facilement de moi à davantage de monde ?
- Cette expérience comportera-t-elle pour lui quelque chose de remarquable ?

Il existe des centaines d'autres moyens d'inciter les gens à parler à leurs amis, mais un seul bon moyen vous suffira pour que votre activité en soit changée à jamais. Un petit truc bête, un moment particulier, un service rendu avec le sourire. Une chose dont on aura envie de parler.

Le marketing, c'est aussi simple que cela.

ÉTUDE DE CAS

LES NOUVEAUX LIVRES, UNE INFINITÉ DE PETITES CHOSES

Une des grandes vérités du marketing du bouche à oreille est que vous ne savez jamais quelles personnes ni quels sujets seront le point de départ d'une conversation décisive. Il en est de même de la publicité traditionnelle. Cependant, dans le cas du bouche à oreille, vous n'avez pas besoin de dépenser d'argent tant que vous n'avez pas constaté que cela donne de bons résultats.

Il vous faudra essayer autant de petites choses que vous le pourrez, jusqu'à trouver celle dont les gens commenceront à parler.

FreshBooks est une entreprise qui aide les travailleurs indépendants à établir des factures. Ses dirigeants aimeraient que toute les personnes freelances du monde découvrent ses services. Quand Saul Colt s'occupait du bouche à oreille chez FreshBooks (son titre était alors *Head of Magic*, responsable de la magie), son équipe s'était mise à tester tous les sujets de bouche à oreille possibles :

- Saul a vu que j'avais écrit quelque chose sur une moutarde extraordinaire, trouvée à Toronto. Il m'en a expédié quelques pots, bien que nous ne nous soyons jamais rencontrés. Pourquoi a-t-il fait cela ? Parce qu'il savait que j'étais un grand parleur.
- Au lieu d'utiliser l'avion, l'équipe de FreshBooks a fait circuler un véhicule récréatif entre Miami et Austin, où se tenaient des conférences : ses membres ont petit-déjeuné, déjeuné et dîné avec le plus de monde possible sur la route. En dix jours, ils ont ainsi rencontré 1 500 clients.
- Lors d'une autre conférence, ils ont distribué 1 000 kits anti-gueule de bois, des salariés vêtus aux couleurs de l'entreprise ont joué les portiers bénévoles et FreshBooks a servi un petit déjeuner avec des crêpes sur le parking. Le véhicule récréatif a été utilisé pour transporter les gens d'une animation à une autre.
- La compagnie a fait appel à un artiste pour peindre sur un mur une scène de kiosque de foire commerciale. Cela lui a pris trois jours, et les gens revenaient voir où il en était.

→

- Chaque fois qu'ils voyagent, les salariés de FreshBooks organisent un dîner (le « *FreshBooks Supper Club* ») et y invitent vingt à trente clients et blogueurs locaux. Quand un client reçoit un appel de la compagnie pour l'inviter à dîner à titre de remerciement, il est très surpris (surtout s'il utilise la version gratuite du service).
- La compagnie diffuse une lettre d'information hebdomadaire pleine d'amour pour ceux qui lui font de la publicité.
- Figurez-vous que tous ces petits efforts portent leurs fruits. Depuis qu'elle a commencé cette campagne permanente de bouche à oreille, FreshBooks est passée de 250 000 à 425 000 clients.

5 Qui parlera de vous à ses amis ?

Votre job : trouver les gens qui aiment parler de vous

Toute campagne de marketing passe par un média. Pour la publicité, le média est la télévision, la presse, la radio ou tout autre support d'annonces. Pour le publipostage, le média est la poste.

Le média du marketing du bouche à oreille, c'est la population.

Il s'agit pour vous de trouver les bonnes personnes pour propager votre message, tout comme un annonceur doit trouver le bon créneau télévisé ou les bonnes publications. Certaines personnes seront ravies de parler de vous, d'autres s'en moqueront, d'autres encore seront susceptibles de parler de vous, mais en mal.

Une des raisons pour lesquelles les adeptes du marketing du bouche à oreille accordent tant d'importance au respect et à l'honnêteté est que nous devons pouvoir compter sur les gens.

Nous devons préserver le média humain avec autant de soin qu'un rédacteur en chef protège l'intégrité de son journal. Nous avons une lourde dette envers ceux qui participent à la diffusion de notre message, et nous nous en acquittons en les traitant comme il se doit.

Un bon programme de bouche à oreille consiste avant tout à trouver les agents de ce bouche à oreille et à les soigner.

- Identifier les bonnes personnes.
- Créer un canal de communication pour les joindre régulièrement.
- Leur donner matière à discuter.
- Entretenir leur satisfaction et leur motivation.

Pour bien y réussir, n'oubliez jamais les trois raisons pour lesquelles les gens parlent : ils aiment votre compagnie, ils veulent se sentir bien et ils ont besoin d'appartenir à un groupe. Travaillez sur ces motivations pour entretenir la conversation.

Qui sont ces gens qui parlent ?

Leur identité est généralement évidente. Ce sont les clients satisfaits qui ne demandent qu'à partager leur enthousiasme avec leurs amis. Chaque entreprise a son noyau de clients qui la recommandent de façon active. Ce sont parfois des clients extravertis qui aiment parler autour d'eux de ce qu'ils aiment. Ce peut être aussi des clients moins proactifs, mais à qui on aime demander conseil.

Cependant, ces agents du bouche à oreille peuvent être bien plus que de simples clients. Il peut s'agir aussi de personnes qui n'achèteront jamais un seul de vos produits, mais qui n'en sont pas moins vos fans. Ferrari, par exemple, compte bien plus de fans que de clients. Leur bouche à oreille se propage parmi des enfants, des fous de voitures de sport, des journalistes et enthousiastes de toutes sortes qui ne sont pas des clients.

Quand la société Wynn Las Vegas a ouvert son énorme et somptueux hôtel-casino, elle s'est adressée aux plus importants diffuseurs de bouche à oreille de la ville : les chauffeurs de taxis. La direction de l'hôtel avait conscience que c'étaient eux qui disaient aux touristes où il fallait déjeuner, où il fallait jouer et où il fallait faire ses achats. Avant son ouverture officielle, cet établissement les a invités et leur a offert des nuitées gratuites. À votre avis, de quel hôtel ces chauffeurs de taxis parlent-ils à leurs clients, maintenant ?

Ce sont des gens comme nous

Il existe un mythe selon lequel le bouche à oreille ne se propagerait que par les soins des individus « branchés » et des faiseurs de tendances dont parle Malcolm Gladwell dans son livre *The Tipping Point* (*Le Point de bascule*, disponible en français au Québec). Les consultants qui vendent leurs services pour déceler les tendances ont perpétué cette impression. Les journalistes aiment bien parler dans leurs articles des célébrités et des leaders d'opinion, mais ce n'est pas là la principale source de bouche à oreille.

Si vous vouliez savoir quel modèle de voiture vous devez acheter, aujourd'hui même, à qui vous adresseriez-vous ?

N'oubliez pas ce que vous avez appris en lisant ce livre : pour des recommandations, nous nous adressons à nos semblables. Nous n'avons pas besoin d'un journaliste ni d'une célébrité payée en nature qui nous dise quoi acheter. Nous voulons l'avis d'une personne comme nous, ayant les mêmes besoins et le même style de vie que nous. Bien sûr, les conseils et les recommandations des professionnels (médecins, avocats, comptables, électriciens) ont leur importance, mais la plupart du temps, les recommandations émanent de gens ordinaires dont l'âge, les centres d'intérêt, les ressources et le statut social varient.

Une maman impliquée dans la vie de l'école de ses enfants recommande plus de produits en une semaine que n'importe qui d'autre.

Vos agents, ce sont ceux qui vous enverront de nouveaux clients. Voici quelques exemples :

- vos clients actuels ;
- l'employé qui reçoit un autocollant et qui le donne à un collègue ;
- ceux qui publient des avis sur Internet ;
- vos voisins ;
- un consommateur qui en guide un autre entre les rayons d'un grand magasin.

Identifier les gens qui parleront de vous est parfois aisé, mais parfois aussi, il faut faire preuve d'un peu d'ingéniosité.

Un des meilleurs exemples d'organisation sachant trouver ses porte-parole est The Prostate Net, une association à but non lucratif qui s'emploie à sensibiliser les hommes appartenant aux minorités aux risques de cancer de la prostate et à l'importance du dépistage (une conversation malaisée, c'est le moins qu'on puisse dire).

Cette association a créé un programme de bouche à oreille appelé « Barbershop Network » (Le réseau des coiffeurs). Les coiffeurs sont en effet de parfaits exemples de propagateurs du bouche à oreille. Dans de nombreuses collectivités, ce sont des leaders d'opinion. Ils trouvent le temps de discuter avec leurs clients. L'association a pu toucher 50 000 coiffeurs, on leur a expliqué comment aborder ce sujet avec leurs clients et on leur a donné de la documentation à leur transmettre.

Cette association a appliqué les 5 T du bouche à oreille. Ses membres ont identifié les porte-parole du bouche à oreille (les coiffeurs, *Talkers*), le sujet (l'importance du dépistage du cancer de la prostate, *Topic*), les outils (brochures d'information et autre documentation, *Tools*) et ils ont assuré une participation (un dialogue avec les coiffeurs, *Taking part*) et un suivi (la fréquence des examens de la prostate, *Tracking*).

Ce programme vaut bien mieux que ce qu'aurait traditionnellement proposé une agence de publicité.

Ceux qui parlent ne sont pas toujours ceux qui dépensent le plus

Vos porte-parole, ce ne sont pas que vos clients.

En général, les entreprises croient que leurs porte-parole sont ceux de leurs clients qui achètent le plus souvent leurs produits ou qui dépensent le plus dans ces achats. Or, souvent ce n'est pas le cas. Ce n'est pas parce qu'une personne achète qu'elle va en parler.

Votre meilleur porte-parole peut très bien être un tout nouveau client.

Parlez-vous, autour de vous, du restaurant dans lequel vous déjeunez chaque semaine ou de l'endroit où vous prenez un café tous les matins ? Sans doute, comme la plupart des gens, ne pensez-vous pas à informer vos amis de ce qui est devenu votre quotidien.

En revanche, que faites-vous quand vous venez de découvrir un restaurant ? Vous en parlez à vos amis, à vos proches, à vos collègues. Au bout d'une semaine, vous n'y pensez sans doute plus.

Vos défenseurs les plus actifs peuvent être ceux qui n'ont fait qu'un seul achat. Ils en sont enthousiasmés. Ils aiment le produit. Ils sont dans la phase de découverte.

Il s'agit de réfléchir vite, pour faire de ces tout nouveaux clients des porte-parole, dès leur première visite. Quelle expérience remarquable pouvez-vous leur offrir pour susciter un bouche à oreille positif ?

En conclusion, ne comptez pas uniquement sur les clients qui sont répertoriés dans votre base de données, et ne croyez pas que vos meilleurs porte-parole soient nécessairement ceux qui achètent le plus vos produits. Assurez-vous de bien identifier les bonnes personnes.

Trouvez vos porte-parole

Tout commence quand ce sont les bonnes personnes qui parlent.

Chaque groupe d'agents du bouche à oreille aura des intérêts différents. Déterminez à qui vous avez affaire et ce qui intéresse les personnes en question. Quand vous les aurez identifiées, vous saurez quels sont leurs sujets de prédilection, les moyens qu'elles utilisent et la façon dont vous pouvez vous mêler à la conversation.

En voici les types les plus courants (utilisez la fiche présentée après cette section pour identifier vos meilleurs porte-parole).

Type n° 1 : les clients satisfaits

Vos porte-parole qui vous sont les plus familiers, ce sont les clients satisfaits que vous avez déjà.

Vous les connaissez : ce sont les personnes qui aiment tellement ce que vous faites qu'elles veulent que tout leur entourage fasse aussi partie de votre clientèle. Ce sont ces gens qui aiment parler de vous à leurs amis, qui commencent par mentionner votre nom ou votre marque dès qu'on les interroge sur une activité qui est la vôtre ou sur des produits comme ceux que vous vendez. Tout l'art consiste à distinguer les clients qui sont simplement satisfaits de ceux qui éprouvent le besoin d'en parler.

Pour les trouver : sachez repérer les signes d'un grand intérêt. Portez votre attention sur les clients qui reviennent fréquemment, qui apprennent les noms des vendeurs et qui débordent d'enthousiasme.

Veillez à ce que vos vendeurs soient conscients de l'importance de ces clients, dont l'énergie est un atout majeur pour le bouche à oreille.

Portez votre attention sur les personnes qui remplissent les questionnaires d'appréciation, qui s'inscrivent aux lettres d'information, qui soumettent des suggestions sur Internet, qui publient des commentaires ou qui vous écrivent. Ce sont autant de signes indiquant que la personne se sent plus proche de vous que le client ordinaire. Soyez attentif aux enquêtes de satisfaction et aux programmes de parrainage. Les entreprises demandent souvent à leurs clients : « Comment avez-vous entendu parler de nous ? » Cependant, elles n'exploitent généralement pas l'information. Or, la réponse à cette question pourrait bien être le nom de votre nouveau porte-parole.

Type n° 2 : les commentateurs sur Internet

Cherchez les commentaires vous concernant qui sont publiés quelque part sur un site Internet. Cherchez les critiques, les compliments et les réactions.

Le fait qu'un internaute ait écrit quelque chose sur vous constitue déjà une étape importante. Que quelqu'un ait pris le temps de le faire, c'est la preuve d'un intérêt particulier pour votre entreprise ou pour ses produits. Portez votre attention sur ces personnes, car elles ont la motivation supplémentaire qui fait qu'elles ne sont pas seulement des consommateurs, mais aussi des consommateurs qui parlent.

Pour les trouver : utilisez un bon moteur de recherche qui fera apparaître les mentions de votre entreprise ou de votre marque sur les blogs et dans les réseaux sociaux. Recensez-les, et n'hésitez pas à leur adresser un e-mail pour vous présenter. Cependant, ne les importunez pas par des messages publicitaires. N'oubliez pas que ceux qui publient quelque chose sur vous cherchent à attirer l'attention. Ils seront ravis de recevoir de vos nouvelles.

Type n° 3 : les promoteurs du logo

Quiconque porte votre logo fait partie de vos ambassadeurs. Que ce soit sur son chapeau, sur son T-shirt, sur son sac ou ailleurs. Ce sont des gens qui vous aiment assez pour avoir envie de vous faire de la publicité gratuite. Faites tout votre possible pour les identifier et pour les encourager.

Quand les gens portent un logo, c'est pour une raison très simple : ils veulent montrer qu'ils font partie de votre groupe de fans. Leur besoin d'appartenance est impérieux.

Pour les trouver : faites en sorte qu'il soit facile de demander et d'obtenir des articles promotionnels arborant votre logo, et sachez qui les demande. Ces gens sont des porte-parole très actifs.

Les amateurs de logos ne pourront vous manifester leur soutien que si vous leur en donnez la possibilité. Distribuez des petits cadeaux portant votre logo. Créez une boutique en ligne et toute une ligne d'articles avec votre logo. Il existe des sites Internet sur lesquels vous pouvez réaliser cela en moins d'une heure.

Type n° 4 : les salariés enthousiastes

Vos salariés peuvent être vos meilleurs porte-parole.

Si l'on suppose que votre entreprise est recommandable, une grande partie de vos salariés doivent être fiers de ce qu'ils font, et cela doit facilement pouvoir se traduire par de nouveaux clients. Tous les salariés n'auront pas envie de vous faire cette publicité, mais vous pouvez identifier ceux ayant cet esprit d'équipe qui fait d'eux les meilleurs diffuseurs du bouche à oreille.

Pour les trouver : commencez par ouvrir les yeux. Vous devez pouvoir les reconnaître facilement. Ce sont ceux qui mettent des autocollants arborant votre logo sur leur voiture ou sur leur mallette. Un de nos nouveaux collaborateurs était si enthousiaste à l'idée de nous rejoindre que le jour de son arrivée dans la société, il avait envoyé notre brochure électronique à tous ses contacts.

Type n° 5 : les gens qui s'intéressent à vous

Les gens qui s'intéressent à vous sont souvent ceux qui parlent le plus de vous.

Les gens qui sont suffisamment intéressés pour s'abonner à votre lettre d'information ou pour lire votre blog ne demandent qu'à recevoir des informations sur votre société. Sachez les repérer. Ce sont souvent des personnes qui aiment transmettre les petites informations qu'elles reçoivent.

Pour les trouver : portez votre attention sur votre liste d'abonnés. Recourez aux services d'une compagnie qui vous permette d'identifier ceux qui retransmettent vos lettres d'information, car ce sont des porte-parole actifs.

Type n° 6 : les fans et autres passionnés

Les propagateurs du bouche à oreille les plus actifs sont souvent les fans et ceux pour qui parler de vos produits est un hobby.

Chanel et Gucci ne doivent pas leur succès uniquement aux personnes très aisées qui achètent leurs produits. Ce succès est le résultat d'un bouche à oreille entre des millions de fans qui rêvaient de pouvoir devenir un jour des clients de ces marques. Ces personnes enthousiastes peuvent devenir des porte-parole actifs. De nombreux produits (automobiles, ordinateurs, films, articles de luxe, etc.) doivent aussi leur réputation à ce genre de public.

Pour certains, le bouche à oreille est aussi un loisir. Une certaine Harriet Klausner aime se consacrer à écrire des critiques de livres. Elle est diplômée en bibliothéconomie et elle a travaillé dans plusieurs librairies. Elle a publié plus de 16 000 critiques sur Amazon, simplement pour le plaisir.

Pour les trouver : trouver les fans est facile, aujourd'hui ils ont presque toujours leurs propres sites Internet.

Type n° 7 : les professionnels

Il existe une catégorie particulière de parleurs, ceux qui propagent l'information parce que c'est leur métier : journalistes, éditorialistes, critiques, administrateurs de sites à plein-temps, organisateurs de réseaux d'affaires, sans compter divers spécialistes et auteurs.

Avec les professionnels, nous nous retrouvons dans ce qui est généralement considéré comme relevant des services de relations publiques. Ce livre est plutôt consacré aux amateurs (les vrais consommateurs), mais les techniques qui s'appliquent aux amateurs ont aussi une influence sur les avis émis par les professionnels.

Pour la plupart d'entre eux, l'objectivité et l'impartialité passent avant tout. Ils sont censés savoir de quoi ils parlent, et s'ils propageaient une sottise, leur crédibilité en prendrait un coup. Ils ont de bonnes raisons d'être soupçonneux et sceptiques, et ils se garderont généralement de céder à l'enthousiasme en s'intéressant à de nouveaux produits.

Si vous avez bien su identifier vos porte-parole, ils devraient être ravis d'avoir de vos nouvelles.

Cependant, leur caution est aussi ce qui rend leur recommandation plus enviable. Les professionnels gagnent notre confiance en étant honnêtes et judicieux. Compte tenu de leur audience, ils peuvent catalyser le bouche à oreille. La mention de vote marque ou de votre produit dans un bulletin d'information à forte audience ou sur un blog bien référencé, ou un article illustré dans un magazine, peut être le déclic qui lancera un bouche à oreille positif, surtout si votre marque ou votre produit est encore mal connu.

Oprah Winfrey, la star des talk-shows américains, est probablement la professionnelle la plus influente du monde. Qu'il s'agisse d'une simple mention dans une conversation ou d'un parrainage formel (dans le cadre de son club de livres ou de son épisode annuel *Favorite Things*, par exemple), son bouche à oreille fait généralement de vous une star.

Comment reconnaître ceux qui parlent bien

Ceux qui parlent ne se valent pas tous. Certains ne discutent qu'avec quelques amis, tandis que d'autres parlent à tout le monde. Certains sont convaincants, d'autres brassent de l'air.

Une fois que vous avez identifié un groupe d'agents du bouche à oreille, vous pouvez rechercher les signes indiquant que certains d'entre eux seront meilleurs que les autres. Les meilleurs présentent les caractéristiques suivantes :

La passion

Ils s'intéressent à ce que vous faites et, de façon générale, ils aiment la vie. Les vrais propagateurs de bouche à oreille sont de nature optimiste et enthousiaste, et ils aiment communiquer leur énergie. Nous en connaissons tous : des gens qui ne peuvent s'empêcher de commenter la nouveauté du jour ou ce qu'ils viennent juste de découvrir.

Ce que vous devez chercher, ce sont des gens qui s'intéressent au sujet, qui y investissent leur temps et qui ont des opinions affirmées : des convaincus, des enthousiastes. Un vrai gourmet n'ira pas agacer ses amis en essayant de leur « vendre » un restaurant, mais il tient à ne pas manger n'importe où. Interrogez-le, il vous dira où aller et il vous expliquera pourquoi cela devrait vous plaire.

La crédibilité

Pour un remède antidouleur, mieux vaut écouter la pharmacienne plutôt que la caissière du bureau de tabac. L'une et l'autre discutent chaque jour avec le même nombre de personnes, mais les pharmaciens sont réputés avoir davantage de connaissances leur permettant de justifier leur recommandation.

Cela ne signifie pas que vos porte-parole doivent nécessairement être des professionnels, simplement il importe qu'ils sachent de quoi ils parlent.

À un ami qui raffole des pizzas, vous ne demanderiez pas conseil pour choisir un restaurant gastronomique. En revanche, vous pourriez lui faire confiance pour vous indiquer un lieu convivial pour boire une bonne bière. Privilégiez ceux qui en connaissent assez sur le sujet pour impressionner les autres. Souvent, il suffit que ce soient des utilisateurs du produit concerné : si vous êtes habillé avec élégance, on vous demandera conseil en matière de vêtements à la mode.

Les relations

Un porte-parole a davantage d'impact lorsqu'il fait partie d'un vaste réseau de connaissances à qui il peut parler. Pensez aux membres de clubs ou d'associations, aux bénévoles, à ceux qui font partie d'une équipe ou à ceux qui ont beaucoup d'amis sur Internet. Pour le bouche à oreille, la quantité est souvent un paramètre important.

Certains comportements sont le signe qu'une personne a tendance à partager ce qu'elle ressent. Sachez apprécier le degré d'implication des gens et voyez s'ils sont communicatifs. Publient-ils des photos sur Internet, ont-ils une liste de souhaits sur Amazon, agissent-ils comme bénévoles pour défendre une certaine cause, écrivent-ils sur un blog ? Sont-ils membres d'une organisation en réseau ? Combien d'amis ou d'adeptes ont-ils sur leurs réseaux sociaux ?

Les occasions

Une personne qui participe à une activité de groupe aura bien davantage d'occasions de parler qu'une personne qui reste chez elle. Portez votre attention sur les gens qui, de par leur situation, sont susceptibles d'avoir de nombreux échanges avec les autres.

Les gens qui voyagent, et plus particulièrement ceux qui font des voyages d'affaires, sont généralement des gens qui parlent autour d'eux de ce qu'ils connaissent et qui font partie d'un réseau de connaissances. Ils font bien évidemment des rencontres (qui sont autant d'occasions de parler) et ils sont susceptibles de participer à d'importantes réunions, à des conférences ou à des forums (où ils parleront à beaucoup de monde). Les fabricants de produits cosmétiques paient pour que leurs savons et leurs lotions soient distribués dans les chambres des meilleurs hôtels. Les grandes compagnies du secteur de l'alimentaire veulent que leurs produits soient vendus dans les avions. Elles veulent qu'ils se retrouvent dans les mains de ceux qui sont sur le point d'aller discuter avec beaucoup de monde.

Fiche de travail sur les nouveaux porte-parole (*Talkers*)

PRODUIT DONT IL S'AGIT DE PARLER : ____________________

QUI NOUS VOULONS TOUCHER : ____________________

	PERSONNE A	PERSONNE B	PERSONNE C
Qui ?			
Avec qui sont-ils en relation ?			
Liens, conversations, public ?			
Quel est le sujet du bouche à oreille ?			
Comment les contacter ?			

Téléchargez cette fiche sur le site Zenbusiness.fr.

Le profil des agents du bouche à oreille

Maintenant que vous comprenez mieux qui parle de vous, restreignons notre champ d'étude. Votre prochaine mission est la suivante :

1. Choisissez un groupe particulier de propagateurs de bouche à oreille avec lequel vous voulez travailler.
2. Élaborez un plan pour les toucher.

Vous ne pouvez pas envisager un bon programme de bouche à oreille couvrant un peu tout et s'adressant à tout le monde. Deux groupes différents ne seront pas motivés par la même chose.

Si vous avez identifié plusieurs ensembles de bons propagateurs de bouche à oreille, c'est magnifique. Respectez bien les 5 T et mettez au point un programme unique pour chacun de ces groupes.

Élaborez un profil des agents du bouche à oreille

Décrivez sur une page vos porte-parole, et inscrivez la raison pour laquelle ils sont disposés à parler. Ce sera votre profil des agents du bouche à oreille. Pas de fantaisie : ce document vous sera utile pour préparer votre campagne de marketing du bouche à oreille.

Voici les questions que vous devez vous poser :

- Qui sont ces participants ?
- Quelles sont leurs principales caractéristiques ?
- De quoi sont-ils déjà en train de parler ?
- À qui parlent-ils ?
- Comment les contacter ?

Voici un exemple adapté au cas d'une crèche :

Profil des influenceurs pour la crèche ABC

Qui sont-ils : des parents qui travaillent.

Caractéristiques : ces mères et ces pères sont des personnes qui travaillent dans la journée et qui déposent leurs enfants le matin à la crèche. Ce sont des couples au sein desquels les deux conjoints travaillent et ont une vie sociale. La crèche collective leur permet de rester actifs tout en sachant qu'on s'occupe bien de leurs enfants pendant la journée.

De quoi sont-ils déjà en train de parler : des possibilités de garde des enfants et des problèmes d'équilibre entre vie professionnelle et vie familiale. Ils cherchent toujours des moyens de s'occuper davantage de leurs enfants tout en se ménageant du temps pour des activités sans les enfants. Ils parlent de la liberté que la crèche leur procure.

À qui parlent-ils : à d'autres parents, dans leur voisinage et sur leur lieu de travail, ou à leurs proches. Ils sont aussi les premiers à conseiller les futurs parents. Certains tiennent un blog ou un site Internet familial.

Comment les contacter : nous les voyons tous les jours, au moment où ils déposent leurs enfants, et nous pouvons aussi leur envoyer des e-mails.

Vous pouvez constater que ce simple exercice vous permet de réfléchir à la manière dont vous pourrez travailler avec ces porte-parole potentiels.

Restons dans le même exemple. Notre crèche voudrait recevoir davantage d'enfants. Nous savons que ces parents discutent avec leurs voisins et avec leurs collègues de travail, qui sont souvent eux-mêmes parents et sont confrontés à des problèmes analogues. Nous pouvons envisager une campagne de marketing du bouche à oreille autour d'une idée simple susceptible de les intéresser plus particulièrement : un programme de baby-sitting en fin de journée. Si ces parents pouvaient laisser leurs enfants à la crèche un peu plus longtemps pour pouvoir aller dîner tranquillement, ils en parleraient à tout le monde sur leur lieu de travail. En revanche, si nos cibles étaient des grands-parents, nous devrions sans doute envisager quelque chose de très différent.

Voici une fiche qui vous permettra de faire vous-même cet exercice :

Fiche de travail sur le profil de ceux qui parleront de vous

Qui sont-ils :	
Caractéristiques :	
De quoi sont-ils déjà en train de parler :	
À qui parlent-ils :	
Comment les contacter :	

Téléchargez cette fiche sur le site Zenbusiness.fr.

Élaborez un plan de contact

Maintenant que vous savez qui sont vos porte-parole, il vous faut trouver le moyen de leur parler.

Ne manquez pas de créer un canal de communication. Si vous ne pouvez pas communiquer régulièrement avec eux, vous n'aurez aucun moyen d'exercer une influence sur le bouche à oreille. La capacité de parler à ceux qui parlent est une des notions essentielles sur lesquelles repose la distinction entre le marketing du bouche à oreille et les conversations qui ont cours indépendamment de vous.

Dès que vous avez trouvé un porte-parole, soyez en mesure de communiquer avec lui.

Étape n° 1 : demandez-lui l'autorisation et obtenez ses coordonnées

Quand un client manifeste son enthousiasme, proposez-lui de faire partie d'une liste de VIP. Le cas échéant, offrez-lui un bon d'achat ou de réduction. Quand un internaute publie un commentaire vous concernant, envoyez-lui un e-mail pour lui demander s'il aimerait, à l'avenir, recevoir des informations réservées aux initiés.

N'oubliez pas de demander à votre interlocuteur ses coordonnées, faute de quoi vous ne pourriez plus le joindre et il vous serait difficile de lui parler.

Soyez prudent, et soyez poli. N'oubliez pas qu'il est toujours agaçant de recevoir du spam et que les gens ont souvent des soupçons lorsqu'une entreprise cherche à les contacter.

Ne soyez cependant pas réservé. Si vous avez bien su identifier vos futurs porte-parole, ces personnes devraient recevoir vos messages avec enthousiasme. Elles devraient être ravies à l'idée d'être informées des dernières nouveautés.

Étape n° 2 : créez un moyen de contact

Créez une lettre d'information électronique ou sur papier, et un forum ou un blog à l'attention de vos porte-parole en particulier. Ne pouvant pas leur téléphoner à chaque fois que vous avez une information pour eux, vous avez besoin d'un système de messagerie simple.

Les blogs sont parfois très pratiques. Nombreux sont ceux, parmi vos porte-parole potentiels, qui ne voudront pas figurer sur une liste d'abonnés mais qui consulteront régulièrement votre blog. Peu importe la façon dont vous avez l'intention de les contacter, mais faites en sorte que cela vous soit possible.

Donnez-leur matière à parler de vous

L'aliment préféré des agents du bouche à oreille, c'est l'information. Pour qu'ils continuent à parler, alimentez-les. Quand il n'y a plus rien à répéter, le bouche à oreille s'arrête.

Les agents du bouche à oreille veulent savoir ce qui se passe. Ils sont à l'affût du dernier potin. Ils veulent être les premiers à savoir. C'est en étant bien informés et formés qu'ils conservent leur statut de connaisseurs.

Créez un flux régulier d'informations exclusives vers vos porte-parole. Peu importe la manière dont vous diffuserez ces informations. Les blogs et les lettres d'information électroniques sont de bons moyens, mais l'important est que vos porte-parole désignés soient les premiers à être au courant.

Le groupe de la comédie musicale *Altar Boyz* envoyait un e-mail de remerciement aux spectateurs après chaque représentation. Cet e-mail comportait un bon spécial qui leur permettait d'impressionner leurs amis, ainsi qu'un lien vers un site Internet sur lequel on trouvait matière à parler : des photos, des vidéos, des commentaires amusants laissés par d'autres spectateurs, des lettres d'information, etc. Plus vous donnez d'information aux gens, plus ils parleront.

Voici ce que vos porte-parole ont envie de trouver :

- *Des données détaillées.* Vous seriez surpris de voir combien ce que vous trouvez quelconque peut présenter un grand intérêt pour vos fans. Les agents du bouche à oreille ont soif de détails. Prodiguez-leur des renseignements techniques et des instructions d'utilisation. Cultivez un côté geek.
- *Des rapports.* Parlez-leur des produits en cours de développement, des fonctionnalités futures ou de vos projets pour la prochaine saison. Qu'ils sachent sur quoi vous êtes en train de travailler.
- *Des nouvelles de votre société.* N'oubliez pas qu'ils ont envie de se sentir appartenir à une famille.

Parlez-leur de la personnalité de vos collaborateurs, des événements qui se déroulent dans vos locaux, des nouvelles recrues, des promotions et des anniversaires. Donnez un aspect humain à votre activité.

Les organisations caritatives vous donnent l'exemple

Les entreprises pourraient prendre exemple sur les associations caritatives et autres organisations de bénévoles qui, à l'instar des hommes politiques, savent entretenir le bouche à oreille positif. C'est ce qu'elles font le mieux.

Motiver et gérer des bénévoles, voilà sur quoi repose l'activité de ces organismes, et ils ont développé toute une science dans ce domaine. Tout bon gestionnaire de ce type d'organisation connaît les règles pour satisfaire et motiver des bénévoles.

- *Dites toujours oui à un bénévole.* Vous pouvez vous rendre au siège d'un parti politique sans rendez-vous et proposer vos services à titre de volontaire, on vous trouvera toujours une place pour participer à un projet. Quel est le secret ? Quand un parti ou une association organise un mailing, par exemple, il y a toujours une grande pile d'enveloppes à timbrer et à cacheter. Quand vos porte-parole sont prêts à vous aider, soyez toujours prêt à leur proposer quelque chose à faire.
- *Faites-leur ressentir leur importance.* Faites en sorte qu'ils aient le sentiment d'être des initiés (et qu'ils puissent le faire valoir auprès de leurs amis). Un candidat à une élection politique serre autant de mains dans les locaux de son parti que sur la voie publique. Moi, par exemple, je reçois chaque année une carte de vœux du sénateur pour qui j'avais fait un petit travail bénévole en 1988. Montrez à vos porte-parole que vous les appréciez.
- *Faites-en un jeu.* Pourquoi tous ces stands et ces kermesses ? Pour collecter des fonds, n'y aurait-il rien de mieux que vendre des biscuits ? La vraie raison est que ces petites animations sont bien plus amusantes qu'un porte-à-porte avec une sébile.
- *Organisez des petites fêtes.*

ÉTUDE DE CAS

Les Griffin, ou comment une petite attention a de grandes répercussions

Pour illustrer l'importance qu'il y a à soigner vos porte-parole, il n'est pas de meilleur exemple que le retour de la série d'animation *Les Griffin*, que la chaîne de télévision américaine Fox avait interrompue après deux saisons. L'année suivante, Fox lançait une campagne de bouche à oreille pour promouvoir le DVD de la série.

Il n'avait pas fallu longtemps pour trouver les porte-parole. Des centaines de sites de fans étaient consacrés à cette série : une belle preuve de passion avant l'essor des blogs, alors que le développement d'un site Internet impliquait l'achat d'un domaine, un hébergement et bien d'autres complications. Ces administrateurs de sites étaient des gens prêts à consacrer des efforts considérables pour promouvoir bénévolement une émission qu'ils aimaient.

Un club créé spécialement pour eux, Online Team, allait leur apporter le statut et la reconnaissance qu'ils méritaient, avec l'accès exclusif à un site privé offrant des clips vidéo, des fichiers audio, des icônes téléchargeables, une messagerie privée et une série de produits. Ils ont aussi reçu la mission de recruter de nouveaux membres. Tout cela leur a permis de se sentir appartenir à un groupe très particulier.

Grâce à tout ça, ils sont devenus des porte-parole plus influents encore. Ce contenu exclusif leur a fourni d'amples sujets de conversation et leur a permis d'enrichir leurs propres sites, de les rendre plus intéressants et d'attirer ainsi des milliers de nouveaux visiteurs.

En fin de compte, ce qui était initialement une campagne pour vendre des DVD est devenu un mouvement de bouche à oreille produisant un résultat rare dans l'histoire de la télévision : le retour d'une série qui avait été retirée des programmes, avec la diffusion de nouveaux épisodes.

Le site Internet de la campagne en question reste un lien privilégié entre l'émission et ses fans, qui continuent de bénéficier de toutes sortes d'avantages en récompense d'un bouche à oreille permanent.

Dites merci

Il existe une méthode plus puissante que toutes les autres (et que vous connaissez déjà) : dire merci.

Sachez faire en sorte que vos porte-parole se sentent appréciés et reconnus. Ils parleront dix fois plus souvent de vous. Vous ne pourrez jamais assez dire merci, et chaque remerciement sera pour eux une raison supplémentaire de parler de vous.

Tous vous font de la publicité, et ils le font gratuitement. Ils soutiennent votre activité, ils vous envoient des clients et ils accroissent vos profits. Ils chantent vos louanges et ils engagent leur nom pour vous.

Ils méritent un petit remerciement et, ce qui tombe bien, c'est que c'est bien là tout ce qu'ils demandent en échange de tous leurs efforts. Ils ont le sentiment de faire partie de la famille. Une petite tape sur l'épaule de votre part (ou même un simple signe leur indiquant que vous savez qu'ils existent), c'est pour eux comme recevoir un compliment d'un parent proche. Ne soyez donc pas mesquin.

Je ne parle pas de cadeaux, d'indemnisation ni de récompense monétaire. Je parle de reconnaissance et de gratitude. Les motivations essentielles des gens à vous faire connaître autour d'eux sont liées à un profond désir émotionnel d'être en contact avec vous. Un petit signe de reconnaissance, un petit remerciement, voilà tout ce dont ils ont besoin pour consolider ce lien émotionnel.

Remerciez-les personnellement

Prenez l'habitude de remercier. Remerciez vos porte-parole en face quand vous les rencontrez. Envoyez des mots de remerciement. J'en envoie plus de cent par mois, et cela porte ses fruits. Des copies de mes mots de remerciement sont d'ailleurs publiées sur quelques blogs, et je reçois en retour un nombre surprenant de messages de remerciement. Recevoir des remerciements est assez rare pour qu'on les mentionne sur un site Internet : voilà qui est révélateur de la société dans laquelle nous vivons.

Chez Allen-Edmonds, chaque fois que je commande des chaussures par téléphone, on m'envoie un mot de remerciement écrit à la main. Je reçois un mot même après avoir acheté un article dans leur magasin de déstockage.

On ne remercie jamais trop ! Et chaque remerciement est une raison supplémentaire pour eux de parler de vous.

Quand vous savez qu'une personne s'intéresse à l'un de vos nouveaux produits en particulier, il est important de lui adresser des remerciements pour cela. Prenez le temps de lui montrer que vous appréciez ce qu'elle a fait pour vous. L'hébergeur américain MediaTemple m'a offert un mois de service gratuit parce que je lui avais envoyé un client. Or, je ne savais même pas que MediaTemple pratiquait cette politique, et je n'avais jamais souscrit à un programme de parrainage. J'en ai d'autant plus apprécié ce cadeau. De même, Angie's List* a envoyé à ma femme un demi-kilo de M&M's parce qu'elle avait inscrit sa sœur sur leur site.

Un bon moyen de remercier tout un ensemble de gens à la fois consiste à leur octroyer des avantages exclusifs : une remise permanente, des échantillons de nouveaux produits ou la priorité sur les soldes de liquidation, ou encore une visite de l'usine. Trouvez des idées pour que vos porte-parole se sentent

* Site permettant aux consommateurs de donner leurs avis sur tous les services locaux : plombier, électricien, pédiatre, dentiste, psychologue, garage…

appréciés : soyez créatif. Quand les gens vivent une expérience enthousiasmante, ils en parlent à tout le monde autour d'eux.

Remerciez-les publiquement

La reconnaissance produit plus d'effet encore quand elle est publique.

Songez au pouvoir considérable de la liste des meilleurs scores dans un jeu vidéo. Nombreux sont ceux qui jouent et rejouent aux jeux vidéo jusqu'à ce que leur nom apparaisse sur cette liste.

Sur votre site Internet, mentionnez les noms de vos meilleurs porte-parole. Publiez une page de remerciement. Fixez au mur les photos de vos porte-parole préférés, et gravez leurs noms sur une plaque. Encadrez toutes les lettres de remerciement que vous recevez. Dans vos lettres d'information, exprimez des remerciements.

Sur votre blog, mettez en évidence des liens vers les blogs de ceux qui y publient des commentaires ou qui publient eux-mêmes sur leur blog un lien vers le vôtre. La culture des blogs est affaire de reconnaissance mutuelle, et vos remerciements vous vaudront un retour d'ascenseur. Dans la liste des messages, associez à chacun d'eux une icône colorée. Identifiez ceux qui parlent de vous sur leurs blogs et accordez-leur un statut particulier. Donnez-leur de l'importance.

Aux États-Unis, un certain nombre de compagnies réservent leur meilleur emplacement de parking à leur vendeur du mois : tout le monde en comprend la raison.

Que la reconnaissance soit partie intégrante du programme

eBay sait mieux que personne faire de la reconnaissance un élément de la structure fondamentale de ses services. Quiconque passe par eBay obtient un statut. Les logos, les icônes et autres soulignements permettent à tous les utilisateurs de remarquer le statut particulier de ceux qui apportent les plus importantes contributions.

Avec un peu de créativité, vous pourrez incorporer ce genre de reconnaissance automatique dans votre propre programme de bouche à oreille. Trouvez un moyen de créditer les gens pour tout échange avec quelqu'un d'autre. Donnez-leur un logo à afficher sur leur site Internet.

De nombreuses associations distribuent à leurs membres des plaques, des pin's ou autres accessoires leur permettant de se distinguer du lot. Les conférences et les forums sont l'occasion de distribuer généreusement des badges et autres petits cadeaux en guise de reconnaissance.

Lifeway Christian Resources a proposé un nouveau cours d'étude biblique sur Internet. Pour motiver et remercier ses porte-parole, cet organisme a créé une remarquable page permettant à l'utilisateur d'envoyer des cartes électroniques à ses amis. Les pays des destinataires sont enregistrés, et chaque utilisateur peut visualiser une carte du monde comportant, pour chaque pays, autant de marques que d'habitants ayant reçu de lui une carte virtuelle. Le plus intéressant est que, lorsqu'un destinataire envoie à son tour des cartes virtuelles à ses amis, l'expéditeur initial obtient autant de marques supplémentaires sur sa propre carte. Il peut ainsi voir dans quelle mesure il répand la bonne parole dans le monde. Cette fonctionnalité subtile permet d'assurer aux utilisateurs en début de chaîne une reconnaissance appréciable, ils peuvent mesurer l'impact du bouche à oreille dont ils sont les vecteurs, et l'application a un côté ludique. Comme on peut l'imaginer, de nombreux participants sont devenus très actifs et ont cherché à obtenir le plus de marques possible sur leur carte du monde.

Créez un programme de bouche à oreille

Une technique éprouvée pour établir des liens avec vos porte-parole consiste à mettre au point un programme formel, à créer une sorte de statut officiel en rassemblant ceux qui propagent le bouche à oreille et en leur assurant une forme de reconnaissance.

Un bon programme de ce type peut être simple. Voici tout ce qu'il vous faut :

- une page Internet ;
- une procédure d'inscription ;
- un système de récompense pour la participation ;
- une lettre d'information.

En associant ces différents éléments, vous obtenez une base pour vos porte-parole les plus actifs : un système de reconnaissance et un moyen de communication vous permettant de leur délivrer de l'information.

On parle souvent de « programmes d'ambassadeurs », mais la dénomination la plus connue est sans doute celle de fan-club.

Les fan-clubs

Le fan-club est sans doute la première forme de programme formel de bouche à oreille. Aux États-Unis, les midinettes des années 1950 s'époumonaient et envoyaient 50 cents pour pouvoir rejoindre le Buddy Holly Fan Club, et on observait le même phénomène partout en Europe. Aujourd'hui, c'est toujours vrai, mais cela se passe à la vitesse de la lumière grâce aux moyens de communication actuels.

On peut trouver des fan-clubs pour tout, même pour l'aérosol WD-40. Le fan-club officiel du WD-40 est étonnant. Ses membres bénéficient d'un contenu exclusif, de trucs et de conseils, et ils s'amusent bien. Ils ont droit à une lettre d'information hebdomadaire, à une carte de membre, à des économiseurs d'écran et à des jeux vidéo à télécharger. Ils ont même élu un conseil de direction virtuel.

Tout cela est très amusant, et c'est un excellent moyen d'impliquer, de galvaniser et de récompenser ceux qui sont susceptibles de parler de vous autour d'eux.

Autre exemple, les Fiskateers, un fan-club sponsorisé par le fabricant de ciseaux Fiskars. On ne croirait pas que des ciseaux puissent susciter une telle passion, mais dans le contexte de l'engouement des masses pour le scrapbooking, on peut imaginer que les gens se préoccupent de la qualité de l'outil dont ils se servent pour couper le papier. C'est un fan-club au plein sens du terme, avec des blogs, des messageries et tout le toutim. Les réunions annuelles sont des moments si intenses que les participants sont en larmes quand ils doivent rentrer chez eux.

Un site Internet, et voilà un grand nombre d'enthousiastes bavards.

Les programmes d'ambassadeurs

Le bourbon Maker's Mark bénéficie d'un programme d'ambassadeurs très élaboré, qui donne une nouvelle dimension à la relation entre un producteur et ses ambassadeurs. Non seulement il permet à ces derniers de s'identifier à la société Maker's Mark, mais il les encourage à parler du produit et il les récompense pour leur participation active.

À partir du moment où vous vous engagez à devenir un ambassadeur de Maker's Mark, vous recevez pléthore d'attentions et de soins. On inscrit votre nom sur un fût de bourbon en cours de vieillissement. Vous recevez des e-mails personnalisés du PDG, des invitations à des soirées privées dans tout le pays, des verres, des cartes de vœux à envoyer à vos amis, et (bien sûr) le statut conféré à un membre de la famille.

Maker's Mark s'est rendu compte que ses clients avaient pour le bourbon artisanal une plus grande prédilection que le buveur moyen, et que leur connaissance dans ce domaine était une chose qu'ils voulaient partager avec d'autres. La firme a donc concocté une déclaration amusante qui les flatte tout en les exhortant à aller prêcher la bonne parole :

Je, soussigné, en tant qu'ambassadeur de Maker's Mark, m'engage à faire découvrir à ceux qui n'ont pas encore connu ce plaisir (les pauvres) le goût velouté du bourbon Maker's Mark. À permettre à mes amis de comprendre, d'apprécier et de savourer ce qu'est le bourbon artisanal. À encourager les établissements par lesquels je passerai au cours de mes voyages à s'approvisionner en Maker's Mark pour leurs clients assoiffés. Et à montrer par mon propre exemple que toute occasion de profiter du bourbon est l'occasion idéale de se délecter de Maker's Mark.

Ce serment résume assez bien ce que sont des porte-parole enthousiastes.

Les comités consultatifs des clients

Une entreprise plus traditionnelle pourra créer un comité consultatif des clients. Il s'agit d'un programme formel dans le cadre duquel les clients sont invités à formuler des commentaires. Ce sont parfois des programmes de petite envergure avec quinze à vingt participants, mais vous pouvez vous servir d'Internet pour élargir le programme à l'ensemble de vos porte-parole potentiels. C'est un moyen de communiquer avec eux sans leur demander de façon explicite d'être vos porte-parole.

Ce genre de solution présente deux avantages simples. D'une part, cela vous permet de recevoir en abondance d'intéressants commentaires de vos clients. D'autre part, cela permet à un grand nombre de porte-parole potentiels de se sentir liés à votre entreprise. C'est pour eux un moyen de participer. Enfin, naturellement, les gens qui ont le sentiment d'être appréciés ont des chances de parler de vous à leurs amis.

Ralliez les fidèles

Vos clients enthousiastes adorent se retrouver en compagnie d'autres personnes tout aussi enthousiastes. Ceux qui partagent un même attachement pour une marque ont le sentiment d'appartenir à une même famille.

Organisez donc une réunion de famille. Ainsi, d'un ensemble d'individus isolés, vous ferez une armée du bouche à oreille.

Sur son site Internet, Harley-Davidson pose cette question : « Qui a dit qu'on ne pouvait pas choisir sa famille ? » Cette firme a créé le Harley Owners Group, la référence pour créer des liens entre les passionnés du monde entier. Ce club compte plus d'un million de membres répartis dans plus de mille chapitres. Sa mission est simple : rouler à moto et se faire plaisir.

Plus vous leur donnez d'informations, plus ils parleront.

Les propriétaires de Harley sont fiers de leurs motos et ne manquent aucune occasion d'en parler. Harley-Davidson leur en donne l'opportunité en organisant de nombreuses courses de motos chaque année. Plus de 500 000 personnes assistent à la grande course annuelle de Sturgis, dans le Dakota du Sud. Chacune de ces rencontres leur apporte un regain d'enthousiasme et leur fournit de nouveaux sujets de discussion.

Une telle dévotion fanatique n'est cependant pas nécessaire pour créer un espace permettant à vos porte-parole d'avoir des échanges.

Les éditeurs de logiciels organisent des conférences pour les développeurs, afin que ces derniers puissent se retrouver pour discuter des avancées techniques en informatique. S'il ne s'agissait que d'une formation, les cours pourraient être dispensés à distance sur Internet. En réalité, un objectif important est de rassembler les développeurs, de les galvaniser et de leur fournir une raison de discuter de leurs produits préférés.

C'est en rassemblant les gens qu'on suscite l'enthousiasme dans une communauté. Il faut bien convenir que de nombreux analystes-programmeurs mènent une existence de solitaires sur leur lieu de travail et qu'en réunissant une trentaine d'administrateurs de réseaux, on leur donne le sentiment de faire partie d'une grande famille. Les liens qui s'établiront entre eux (et qui leur permettront de mieux se distraire) leur donneront envie d'assister à la rencontre suivante, ce qui renforcera leur attachement au produit concerné. C'est aussi la garantie qu'ils propageront un bouche à oreille positif sur le produit.

La vie d'un vendeur professionnel sur eBay, qui travaille à son domicile, peut aussi être très solitaire. C'est pourquoi eBay réunit tous ses vendeurs une fois par an à l'occasion d'une convention festive, eBay Live, et ils sont 10 000 à y assister ! C'est un rassemblement incroyable d'individus débordant d'énergie qui sont ravis de rencontrer des collègues pour la première fois. C'est une expérience humaine très forte.

Même si la finalité officielle de l'événement est de permettre aux participants d'acquérir de nouvelles compétences pour devenir de meilleurs vendeurs, l'objectif réel est de susciter l'enthousiasme. Entre les sessions, les participants portent des chapeaux amusants, échangent des pin's et entrent dans la danse officielle d'eBay. Une année, il y a même eu un livre de recettes de cuisine de la communauté eBay. Les participants rentrent chez eux enthousiasmés et deviennent des ambassadeurs hors pair.

Des événements simples pour que les gens continuent à parler

Pour exploiter ce principe à votre avantage, vous n'avez pas besoin d'organiser une convention. Cherchez simplement le moyen le plus facile de rassembler vos porte-parole.

Si vous gérez un magasin, organisez un cocktail, un concert ou une séance de lecture. Trouvez un prétexte, peu importe lequel, pour inviter tout le monde. Pendant des années, j'ai organisé un peu partout des dîners, cela s'appelait la « *Feast for Smart Marketers* » (« la Fête des bons spécialistes en marketing »). C'était simple, je louais une grande salle dans un restaurant chinois et j'invitais toutes les personnes que je connaissais dans la ville. Pas d'orateur, pas de table ronde, simplement 200 personnes et de la bonne bouffe en quantité. Il n'en faut pas plus pour faire grossir son portefeuille de clients et pour susciter un bouche à oreille abondant.

Étude de cas

Les MVP de Microsoft

Le programme MVP de Microsoft (*Most Valuable Professional*) est un exemple classique, si simple que n'importe qui (quel que soit son budget) pourrait l'imiter. L'invitation à ce programme est une récompense annuelle adressée à 4 500 porte-parole répartis dans 90 pays. La recette est la suivante :

- *Trouvez les porte-parole.* Microsoft parcourt les messageries, les blogs, les forums et les événements hors Internet pour trouver les ambassadeurs les plus engagés et les plus crédibles. On recherche ceux qui aiment un logiciel ou une fonctionnalité de façon particulière et qui sont portés à aider les autres.
- *Surprenez-les.* Les MVP reçoivent une lettre qui leur annonce qu'ils ont été sélectionnés. Ils reçoivent aussi un coffret souvenir contenant le cadeau surprise de l'année, en général quelque chose permettant d'épater son entourage, par exemple une sacoche d'ordinateur ou un jeu d'accessoires de bureau. Ce cadeau est devenu une légende et suscite une vague d'anticipation et de spéculation.
- *Faites-les se sentir spéciaux.* Microsoft leur envoie un courrier annonçant une récompense prestigieuse décernée à trois personnes élues par les MVP. Les MVP transmettent ces lettres à leurs patrons, aux responsables d'éducation, à leurs conjoints. Ces lettres leur permettent de décrocher des promotions, d'être admis dans une université ou d'être un peu mieux considérés par leurs proches.
- *Impliquez-les.* Durant toute l'année, les MVP ont droit à des entretiens particuliers avec les développeurs de produits, à une découverte des logiciels en avant-première et à des informations d'initiés. Ils peuvent ainsi rencontrer ceux qui créent les produits qu'ils adorent. Microsoft organise chaque année plus de 500 conférences virtuelles, discussions en ligne et émissions sur Internet pour les seuls MVP, soit en moyenne plus d'un événement par jour.
- *Faites des choses distrayantes.* Leur sommet annuel à Redmond est devenu pour les MVP un pèlerinage à ne pas manquer. Microsoft

→

paie tout, les participants n'ont qu'à s'y rendre. Les MVP adorent rencontrer d'autres MVP ainsi que les développeurs des produits. Bill Gates est présent, ou bien Steve Ballmer, et un grand nombre d'événements sont organisés. Pour ceux qui ne peuvent pas participer au sommet annuel, il y a des rencontres locales toute l'année.

Le grand secret est le suivant : il s'agit d'exploiter ce qui existe déjà, la motivation et la passion des porte-parole actuels. Le mieux, pour vous, serait de commencer dès demain.

6
De quoi vont-ils parler ?

Votre job : leur donner matière à parler

Tout bouche à oreille commence lorsqu'il y a un sujet de conversation. Les gens ne parleront de vous que s'ils ont quelque chose à dire.

Tout ce qui attire l'attention peut être un sujet. Tout ce qui attire l'attention et dont on parle ensuite est un sujet idéal. Il peut exister toutes sortes de bons sujets : un journal bien conçu, un exemple admirable de service à la clientèle, un dessert original ou une publicité qui sort de l'ordinaire.

Zappos, une entreprise de vente de chaussures par Internet, accepte de reprendre les articles vendus sans poser de questions, pendant un an et sans frais d'envoi. Oui, vous pouvez garder les chaussures pendant un an puis les rendre. Je doute qu'il y ait des acheteurs qui rendent leurs chaussures au bout d'un an, mais c'est là une excellente raison de parler.

Ce n'est pas votre devise officielle

Un sujet de bouche à oreille, ce n'est pas votre message publicitaire ni votre devise officielle. C'est un message simple qui suscite l'intérêt et qui inspire une conversation.

Personne ne parlera de vous si vous ne leur donnez rien à raconter.

Les meilleurs sujets de bouche à oreille sont souvent difficiles à déterminer pour les spécialistes et responsables commerciaux traditionnels. Ils n'obéissent pas aux règles du marketing. Ils ne sont pas planifiés, ce ne sont pas des sujets comme on en traite dans les entreprises, et ils sont rarement officiels. Il est exceptionnel que les gens aient envie de répéter la devise officielle de votre société ou un slogan que vous avez vous-même soigneusement préparé. Ce qui est apprécié et diffusé spontanément est plutôt quelque chose d'inattendu.

RedEnvelope est un catalogue de cadeaux sur Internet. On y trouve de bons articles, mais qui ne sont pas nécessairement meilleurs que ceux de n'importe quel autre bon catalogue. Le slogan de l'entreprise est le suivant : « La mission de RedEnvelope est de rendre simple et amusant le fait d'offrir un cadeau, en toutes occasions et en toutes circonstances. » C'est bien trouvé, mais personne n'ira jamais répéter cela.

RedEnvelope a cependant su lancer un sujet magnifique : tout article est présenté sous forme d'un cadeau emballé dans une somptueuse boîte rouge, élégante et impressionnante, ornée d'un nœud géant. Quiconque reçoit un de ces cadeaux fera immanquablement un commentaire sur son emballage (les gens parlent davantage de l'emballage que du cadeau lui-même).

Cet emballage cadeau est un parfait sujet de bouche à oreille. Il donne envie de parler, et il est facile d'en dire quelque chose. La plupart des gens, quand ils reçoivent un cadeau de ce catalogue, oublient le catalogue mais se souviennent du cadeau et de la personne qui le leur a envoyé. La boîte de RedEnvelope déclenche instantanément un bouche à oreille. Dès qu'une de ces boîtes est ouverte au cours d'une soirée ou d'un baptême, on ne parle plus que de cela.

Pour toute entreprise, pour tout produit, il existe au moins un bon sujet de conversation. Il s'agit pour vous de le trouver et de donner aux gens matière à parler.

Maintenant, pour être tout à fait honnête, c'est parfois par pure chance que l'on trouve un sujet. Vous pourrez faire un certain nombre d'essais, émettre des idées intéressantes, mais en vain, et les gens se mettront à parler de quelque chose de complètement différent.

Trouvez un bon sujet

Ne vous creusez pas trop les méninges. Le sujet adapté, dans votre cas, sera quelque chose de si simple, et peut-être de si bête, que vous risquez de ne pas pouvoir l'anticiper. Les bons sujets pour un bon bouche à oreille, ce sont les bonnes idées toutes simples qui échappent aux planificateurs de la bureaucratie et des grandes entreprises.

Abaissez la barre, gardez l'esprit ouvert et attendez-vous à ce que ce soit votre stagiaire qui vous trouve le sujet de bouche à oreille le plus remarquable.

Un bon sujet suit trois règles : il est simple, naturel et transmissible.

Un bon sujet est simple

Votre sujet doit prendre forme autour d'une idée simple. Il faut que ce soit court, plaisant et facile à répéter.

Certains hôteliers semblent l'avoir compris. La chaîne Hôtel Monaco, par exemple, a eu l'idée de mettre un poisson rouge dans chaque chambre. Voilà une chose qu'un client racontera à ses amis. Westin a consacré des années de recherches à mettre au point le « *Heavenly Bed* » (« lit paradisiaque »), un lit si agréable qu'on en parle autour de soi le lendemain (comme toutes les autres chaînes hôtelières l'ont copiée, il lui faut maintenant trouver une nouvelle idée).

Quiznos, une chaîne de sandwicheries, est en train de damer le pion à Subway. Subway a toujours vendu des grands sandwichs chauds et savoureux, mais c'est Quiznos qui a réussi à en faire un sujet de conversation.

Si, comme moi, vous adorez le fromage, vous devez aimer ces petits grains de cheddar frais qui grincent quand on les mange. À l'occasion d'un voyage en voiture dans le centre du Wisconsin, ma femme et moi étions passés devant un panneau géant sur lequel on pouvait lire « *Squeaky Curds* » (« Fromage en grains qui grince ») et le numéro de la sortie à prendre. Nous avons aussitôt éprouvé une envie irrépressible de ne pas manquer cela.

Trente kilomètres plus loin, nous nous sommes retrouvés devant la fromagerie Carr Valley Cheese, en un lieu appelé La Valle. Nous avons eu nos grains de fromage. C'était délicieux, frais et oh, comme cela grinçait !

Il y avait aussi de magnifiques fromages comme on en trouve rarement aux États-Unis, le genre de fromages qu'on ne trouve que chez certains maîtres fromagers. Nous en avons acheté en quantité. Nous en avons expédié à un ami qui est chef cuisinier à New York. Nous venions de devenir de vrais ambassadeurs.

Mais leurs grains de fromage qui grincent, nous en parlons encore et encore, si bien que nous leur avons déjà envoyé un grand nombre de clients. Nous en avons déjà fait livrer à beaucoup de monde. Une délicieuse feta fumée, moitié brebis et moitié chèvre, on ne peut pas expliquer ce que c'est aussi facilement qu'on peut répéter : « Il faut que vous goûtiez ces fromages en grains. »

Carr Valley Cheese a su trouver le bon sujet.

Un bon sujet, c'est plus simple qu'on peut le penser. On est toujours tenté de compliquer les choses, c'est à cela qu'il faut savoir résister.

Un bon sujet est naturel

Un bon sujet doit être lié aux qualités exceptionnelles par lesquelles votre produit ou votre activité se distingue. Il s'agit d'une chose dont les gens sont naturellement tentés de parler.

La conception d'un produit et ses caractéristiques sont des sujets naturels. Il n'est pas nécessaire d'y ajouter beaucoup de marketing pour qu'on en parle.

Le bouche à oreille concerne aussi bien les caractéristiques du produit que le marketing du produit.

Si vous voulez lancer un bouche à oreille qui ne faiblira pas, qui se poursuivra longtemps et qui vous permettra d'asseoir la réputation de votre marque, il vous faut autre chose qu'une action de promotion ponctuelle. Vous devez créer des produits dont les gens seront fous et qu'ils pourront partager avec leurs amis.

À chaque réunion, dans tout service, la question à poser est : « Les gens en parleront-ils à leurs amis ? » Si la réponse n'est pas un « oui ! » bien affirmé, c'est qu'il manque encore quelque chose.

Un bon sujet est transmissible

Il vous faut un sujet propice à la propagation.

Les hommes d'affaires ont toujours besoin de trouver un petit truc à raconter aux investisseurs le temps que l'ascenseur arrive au vingtième étage de la tour, mais c'est bien trop long pour un bouche à oreille.

Votre sujet doit passer avec succès le test de la brièveté. À titre d'exercice, remplissez les blancs en fonction de votre propre activité :

- « Vous devriez essayer ...., c'est .... »
- « Et si je vous disais que .... a fait .... ? »
- « Il n'existe rien de mieux que .... pour .... »

Il ne doit pas y avoir de « et ». Un sujet qui devient une énumération n'est plus un bon sujet (« essayez ce produit, car il est convivial, abordable, éprouvé, le service après-vente est excellent et on vous offre une glace pendant que vous attendez d'être servi »). Votre sujet doit pouvoir être répété dans un laps de temps de l'ordre de la seconde (« On vous offre une glace »). Autrement, personne ne pourra le mémoriser.

Les meilleurs sujets sont inattendus

Écoutez vos clients avec attention. Ils sont sans doute déjà en train de discuter, et le sujet de leur discussion n'a peut-être rien à voir avec ce que vous pourriez penser.

Ce n'est pas un problème. Tirez-en parti.

Tout ce qui peut enthousiasmer vos clients est un bon sujet. Si votre plan marketing parle de promouvoir la rapidité du service et si les gens préfèrent parler des prix, peu importe. Si votre détachant se révèle être efficace comme désherbant, cela ne doit pas vous déstabiliser.

Les éléments non visibles et les utilisations inattendues font partie des meilleurs sujets de bouche à oreille que l'on puisse trouver (si vos hommes de marketing prennent la mouche et essaient d'occulter ce genre de trouvaille au profit d'un concept sur lequel ils auront bien travaillé, ignorez-les). Quand les gens trouvent un sujet de discussion inattendu, ce n'est pas un mal, c'est une opportunité.

Saviez-vous qu'avec du ruban adhésif opaque, les enfants se faisaient des costumes et des robes de bal ? Voilà un exemple de sujet de bouche à oreille tout à fait inattendu.

Un fabricant de rubans adhésifs a su en prendre son parti et encourager cette pratique. Il organise désormais un concours annuel « *Stuck at Prom* » (*Prom* est le bal de fin d'année au lycée) et offre des bourses aux couples qui se montrent les plus créatifs. Des centaines de couples se présentent chaque année. Cela représente des milliers d'heures de travail et beaucoup de bouche à oreille. Pour en savoir plus, consultez le site Internet www.stuckatprom.com.

Prenez soin de vos sujets de conversation

Une fois que vous avez trouvé un sujet, ce n'est pas fini. Il vous faut encore le peaufiner et en faire un message, pour en assurer la pertinence et l'efficacité.

Testez votre sujet

Le seul moyen de savoir si le sujet que vous avez trouvé est un bon sujet consiste à le tester sur le terrain. Aucun travail de préparation ne vous donnera la réponse. Testez votre sujet.

- *Le jeu du téléphone arabe.* Votre message peut-il être transmis par au moins trois personnes de façon successive et revenir tout en restant reconnaissable ?
- *Le test de « l'ado ».* Demandez à un adolescent si votre message est digne de « faire du buzz ». Une lueur d'intérêt chez lui sera le signe que vous êtes sur la bonne voie.
- *Le test du client.* Faites passer votre message à un ou deux clients, et observez le résultat. Réagissent-ils ? Répètent-ils le message ? Voyez-vous une nouvelle personne entrer dans votre magasin et vous poser une question sur ce nouveau sujet ?

Faites-le durer

Un sujet de conversation finit souvent par s'épuiser.

Malheureusement, plus les gens parlent d'une chose, et moins elle est intéressante. Le succès peut être fatal à l'intérêt d'un sujet, sachant que la motivation du bouche à oreille est souvent le partage d'une information d'initié.

C'est principalement en recourant au bouche à oreille que j'ai pu promouvoir un nouveau congrès sur le marketing. Nous avons connu un grand succès avec un blog et un podcast présentant des interviews de tous les orateurs, réalisées avant l'événement. C'était original, et les gens en ont beaucoup parlé.

Nous avons donc recommencé, mais cette fois, les résultats ont été décevants. Comme les gens savaient déjà qu'il y avait un blog et un podcast, ils n'avaient plus aucune raison d'en parler. Nous avons alors cherché un nouveau sujet.

Ne laissez pas tomber votre sujet

Une chose à ne pas négliger : une fois que vous avez trouvé un bon sujet et lancé un bouche à oreille positif, vous devez l'entretenir. La façon dont vous alimenterez la conversation vous distinguera tout autant que le sujet lui-même. Si vous cessez de faire le nécessaire pour attirer l'attention, on le remarquera.

Existe-t-il un aéroport que vous aimez particulièrement, au point que vous vous arrangeriez pour y faire escale même si vous n'y étiez nullement obligé ?

Midwest Airlines a su attirer les voyageurs grâce à deux bons sujets et un suivi attentif. Cette compagnie aérienne a proposé aux voyageurs, pour le prix du même trajet en autocar, des vols dans des conditions de première classe, avec d'excellents repas servis dans une vaisselle en porcelaine et de grands sièges confortables en cuir. Le deuxième sujet de conversation était intéressant, lui aussi : durant chaque vol, des cookies au chocolat étaient préparés dans l'avion.

Qui n'aimerait pas être traité comme un passager de première classe ? Qui n'aime pas les cookies encore tièdes ? Les gens ont adoré cela, ils en ont parlé et ils se sont mis à choisir des trajets comportant un arrêt supplémentaire à Milwaukee (le siège de Midwest) simplement pour pouvoir voler sur les avions de cette compagnie.

Midwest a ensuite lancé son service Saver, une classe plus modeste à prix modéré. Plus de cuir, plus de porcelaine, seulement des cookies de temps à autre. Les clients pouvaient toujours opter pour le niveau de confort initial à condition d'y mettre le prix, mais il en est de même avec n'importe quelle autre compagnie.

Midwest avait ainsi trouvé un moyen de casser les prix, mais ce faisant, elle a aussi ruiné le sujet qui alimentait un fameux bouche à oreille. Aujourd'hui, on n'entend plus parler de cette compagnie.

Étape 1 : trouvez un sujet que vous pourrez exploiter dès aujourd'hui

Je me suis engagé, dès le début, à vous présenter des stratégies pour faire en sorte que les gens parlent de vous immédiatement. Les voici.

Ce sont des choses simples que vous pouvez faire pour qu'on parle de vous tout de suite, sans avoir à vous lancer dans des dépenses et sans devoir apporter des changements fondamentaux à votre activité (pour des sujets plus élaborés demandant un peu plus d'efforts, poursuivez votre lecture).

Des ventes spéciales

Le sujet le plus facile que vous puissiez lancer, c'est une vente ou une offre spéciale. Vous pouvez poser ce livre, proposer une réduction sur un produit phare, le faire savoir par une annonce, et des gens en parleront à leurs amis. Faire venir des clients et faire en sorte qu'ils parlent de cette vente autour d'eux n'est pas bien compliqué. Les ventes spéciales sont un sujet de bouche à oreille qui a fait ses preuves depuis longtemps.

Ces ventes ne feront pas parler les gens indéfiniment, mais sur le moment, elles susciteront des conversations.

Pour que ce soit un peu plus efficace, proposez une offre inhabituelle. Une série limitée, une offre sur un produit que vous ne vendez pas d'habitude, quelque chose de fou ou d'original.

Soyez créatif dans votre message, et vous alimenterez tout un tas de conversations.

Un moyen éprouvé d'alimenter le bouche à oreille consiste à recourir au principe de l'exclusivité, ou même simplement à l'apparence de l'exclusivité. De nos jours, il est devenu courant de recevoir un e-mail proposant une réduction « secrète » censée être réservée aux amis et aux proches. Bien entendu, ces e-mails sont conçus pour être propagés sur tout Internet. Proposez donc une offre spéciale, diffusez l'information par e-mail, et demandez à vos salariés d'en faire profiter leurs amis et leurs proches.

Vos salariés seront heureux de se faire vos porte-parole, d'être ceux qui peuvent faire profiter leurs amis d'une affaire. Le bouche à oreille fera le reste.

Un service client hors du commun

« Ils me gâtent », voilà un excellent message pour un bouche à oreille. À ce jeu, ce sont les gentils, et non les méchants, qui gagnent.

Il n'est pas difficile d'attirer l'attention quand vous faites quelque chose de particulier pour vos clients, sachant que cette préoccupation reste rare de la part des entreprises. Le service à la clientèle, de nos jours, est généralement si médiocre que tout exemple de générosité, de respect ou de créativité suscitera des conversations.

Ce qu'il y a de bien avec un service client remarquable, c'est que le résultat est garanti quel que soit le type d'activité.

L'ouvrier qui enlève ses chaussures avant d'entrer chez vous ou le livreur qui vous débarrasse volontiers de vos encombrants marquent des points et suscitent un bon bouche à oreille en faveur de leur employeur. Vous conseillerez volontiers à vos amis des déménageurs qui mettent à votre disposition des conteneurs supplémentaires, des prestataires d'entreposage qui vous font bénéficier gratuitement d'un camion ou un agent immobilier qui vous aide dans votre déménagement.

LensCrafters répare les lunettes gratuitement, même si elles ont été achetées ailleurs. Zippo répare gratuitement les briquets et les remplace s'ils ne peuvent pas être réparés. Headsets.com, une grosse boutique de vente en ligne, vous envoie un e-mail de remerciement après chaque commande – avec le numéro de téléphone direct du PDG et son adresse électronique. Sears accepte le retour ou l'échange des gros appareils électroménagers sous 90 jours sans justification. Si ce réfrigérateur qui vous avait séduit au magasin s'intègre finalement mal dans votre cuisine, c'est bien utile. Ces petits plus suscitent du bouche à oreille en plus.

Printingforless.com est devenue l'une des imprimeries les plus connues d'Amérique grâce à un service à la clientèle extraordinaire. Un jour, j'avais commandé un petit paquet de brochures. Une employée était allée sur mon site Internet et avait remarqué que mon logo était d'une couleur légèrement différente sur la brochure. Elle m'avait téléphoné pour me prévenir, puis elle avait corrigé la différence sans me facturer de supplément. Tout cela pour une commande inférieure à 500 dollars. Comme on peut l'imaginer, il y a eu dans mon entreprise beaucoup de bouche à oreille en leur faveur.

Envisagez votre service à la clientèle du point de vue du bouche à oreille. Allez-vous donner aux gens une raison de parler de vous ? En bien ou en mal ? Après un entretien téléphonique avec l'un de vos salariés, que dira votre client à ses amis ?

Songez à ces petits plus que vous pourriez offrir aux gens pour qu'on parle de vous.

Faites quelque chose de fou

Les entreprises sont bien trop sérieuses de nos jours.

Faites sourire les gens, et ils parleront de vous. L'humour est parfois le meilleur remède. C'est aussi un magnifique thème pour le bouche à oreille.

JanSport a compris que beaucoup de gens éprouvaient un certain attachement pour leur sac à dos (est-ce votre cas ?) et leur propose une forme très spéciale de garantie à vie. Vous pouvez leur envoyer votre sac, non pas pour une réparation mais pour un « *Backpack Camp* », c'est-à-dire un séjour de remise en forme. Votre sac vous envoie même une jolie carte postale pour vous raconter comme il s'y amuse bien et pour vous préciser la date de son retour.

En France, 118 218 a demandé à ses employés de chanter la chanson 118 218 TouTouYouTou TouTouYouTou au téléphone quand on leur demandait.

Parfois, c'est le nom même du produit qui inspire de nombreux commentaires. Qu'y a-t-il d'amusant dans la réparation de fondations ? Pas grand-chose, sauf si l'on s'adresse à The Crack Team, une compagnie basée à St. Louis, connue pour sa mascotte Mr Happy Crack et sa devise loufoque : « *A dry crack is a happy crack!* » (« Une fissure sèche est une fissure heureuse ! »). Mr Happy Crack possède sa propre ligne d'appareils et son propre site Internet, mais il est surtout connu pour la publicité qu'il fait à la société The Crack Team. Celle-ci a une excellente réputation, mais seul ce nom original lui a permis d'obtenir une notoriété aussi grande.

Potbelly Sandwich Works est une société qui a su ne pas se prendre trop au sérieux. Quand un de ses magasins, à Chicago, s'est retrouvé caché par un échafaudage, alors que les magasins adjacents arboraient les banderoles bon marché habituelles annonçant qu'ils restaient ouverts pendant les travaux, Potbelly a tiré parti de l'opportunité de faire parler d'elle en affichant le message suivant : « Regardez ! Une boîte à sandwichs déguisée en chantier. » Combien de gens, ayant vu ce calicot, en ont parlé à un collègue et ont acheté leur repas dans cet établissement ?

Quelque chose de fou n'est pas nécessairement quelque chose de compliqué. Cela fait des années que je publie des lettres d'information avec des titres comme : « Mince, j'aurais dû y penser » ou « Vous êtes peut-être un génie du marketing du bouche à oreille ». Ces lettres d'information sont intéressantes, mais c'est surtout grâce à leurs intitulés que les gens y font attention et les retransmettent à leurs amis.

Un partenariat avec une organisation caritative

Un partenariat avec une organisation caritative, voilà un sujet de conversation immédiat. Les gens diront à leurs amis : « Achetez ici, c'est pour une bonne cause. » C'est une réelle chance de faire une bonne action et un moyen éprouvé de lancer un bouche à oreille positif.

Si vous préparez un événement dont les entrées sont payantes, donnez des tickets d'entrée à une association caritative et vendez-les au plus offrant. Vous obtiendrez parfois bien plus de publicité et de bouche à oreille par ce système que par le reste de vos opérations de marketing. De même, beaucoup d'entreprises qui vendent sur eBay proposent de renoncer à leurs commissions en faveur de paroisses locales. Cela ne représente pas un coût important, et tous les membres de la congrégation en parlent.

Du point de vue du bouche à oreille, les organisations caritatives détiennent un grand pouvoir, car elles ont déjà leur propre réseau d'ambassadeurs. Que vous soyez une grande compagnie ou un simple petit groupe de jeunes, dès que vous avez un lien avec une association à but non lucratif, chaque membre de cette association a une bonne raison de parler de vous. Les membres de l'association sont organisés, motivés, et ils disposent déjà de canaux de communication.

Dans tout projet de partenariat, pensez à vos porte-parole potentiels. Des dons à la Croix-Rouge ne sont pas le meilleur moyen d'attirer l'attention. C'est trop banal. Il peut être plus intéressant de choisir une cause ou une association inhabituelle. Vous pouvez demander à l'association que vous aidez d'annoncer haut et fort votre contribution, ce ne sera pas déplacé.

Étape 2 : créez une campagne dont on parlera

La prochaine fois que de bons messages circuleront sur votre compte, ce sera grâce à des campagnes que vous aurez lancées précisément pour obtenir un bouche à oreille positif. Les effets ne seront pas aussi instantanés que dans les exemples qui précèdent, mais ce ne sera pas non plus très difficile. Vous récolterez probablement les fruits de votre campagne en l'espace de quelques semaines.

Un slogan facile à répéter

Une bonne publicité peut être le sujet d'une campagne de bouche à oreille : Nespresso (*What else?*), L'Oréal (Parce que je le vaux bien), Nike (*Just do it*), Mars (Et ça repart !)... Une publicité dont on se souvient peut facilement servir à lancer une conversation. Si les slogans sont efficaces, c'est parce qu'ils se propagent par le bouche à oreille. Le bouche à oreille fonctionne lorsqu'il est suscité par un slogan facile à répéter.

La publicité est une chose dont on aime parler. Ce que nous considérons ici comme un bouche à oreille concernant les produits est bien souvent, en réalité, un bouche à oreille concernant la publicité pour les produits. On ne peut pas garantir qu'un slogan fera parler de lui, mais cela vaut la peine d'essayer.

Dans toute campagne de publicité, il s'agit de tenter de produire du bouche à oreille.

Staples, qui commercialise des fournitures de bureau, a réussi une belle campagne de publicité avec un bon slogan : « *That was easy* » (« C'était facile »). La publicité montrait comment on pouvait se simplifier la vie en appuyant sur un bouton rouge sur lequel était inscrit le mot « *easy* ». Ils en ont fait une campagne de bouche à oreille — dont l'impact allait dépasser de loin celui d'une simple publicité — en vendant dans leurs magasins des jouets « Easy Button ». Staples a vendu plus d'un million de boutons. Les gens mettent ce bouton sur leur bureau, et c'est ainsi qu'on en parle dans un million de bureaux (la recette est reversée à une organisation caritative).

Quand vous lancez une campagne de publicité, vous dépensez beaucoup d'argent pour envoyer un message à un grand nombre de gens. Si ces gens répétaient le message autour d'eux, ne serait-ce pas magnifique ?

Les campagnes virales

On appelle « campagne virale » un e-mail spécifiquement conçu pour parvenir à une vaste population, sachant que ses destinataires le retransmettront à leurs propres contacts. Le contenu peut être extrêmement varié : bons de réduction, lettre d'information, renseignements sur la nouvelle version d'un produit, etc. Souvent, cependant, c'est une blague, une sorte de jeu ou une vidéo amusante.

Cette technique est utilisée si régulièrement que certains assimilent ces e-mails au marketing du bouche à oreille. Il ne s'agit pourtant que d'une possibilité parmi bien d'autres.

Un bouche à oreille durable sur le long terme est le résultat d'une véritable immersion de votre entreprise dans la philosophie du bouche à oreille.

Ici, il n'y a pas de formule secrète. Faites appel à un designer, inventez quelque chose d'amusant et envoyez-le. Il est probable que dans votre propre boîte de réception, les messages que vous recevez et qui concernent votre activité soient éparpillés au milieu d'informations et de plaisanteries variées que vos amis et vos collègues vous envoient parce qu'ils pensent que vous aurez envie de les découvrir. Tout cela, c'est de la messagerie virale.

Pour intéresser les gens de cette manière, il faut surtout compter sur la chance, mais il suffit parfois que le bon message arrive au bon moment. L'e-mail le plus magnifiquement conçu pourra toucher des millions de lecteurs comme il pourra faire un flop.

Les e-mails viraux sont parfois bêtes, ils sont parfois sans rapport avec le produit, mais il est certain qu'ils attirent l'attention. Les spécialistes du marketing ne sont pas toujours favorables à cette technique. Certains considèrent qu'elle n'est pas très naturelle et qu'elle a peu de rapport réel avec les véritables qualités de votre produit ou de votre marque. Cependant, quand cette technique se révèle efficace, elle engendre un bouche à oreille conséquent.

Le sujet le plus fiable pour une campagne virale, c'est le simple bon d'achat. Il y a quelques années, j'ai vu mes stagiaires arriver au bureau dans un état de fébrilité et de nervosité inhabituel. J'ai cru que nous avions un problème de drogue.

En quelque sorte, c'était bien cela. Il s'agissait d'un e-mail qui circulait et qui permettait à ses destinataires de se voir offrir un café gratuit dans n'importe quel établissement Starbucks situé dans une librairie Barnes & Noble.

Comme cet e-mail circulait abondamment, il y avait la queue pour entrer chez Barnes & Noble. Les livres et les cafés crème vendus grâce à cette campagne représentaient probablement dix fois le coût du café gratuit.

Il est important de noter que techniquement, on ne peut pas créer quelque chose de « viral ». « Viral » est un adjectif qui qualifie un phénomène de propagation vers un très grand nombre de destinataires. Vous pouvez créer quelque chose de très intéressant, initier un bouche à oreille et espérer qu'il deviendra « viral ». Parler de créer une vidéo virale, ce serait comme dire que vous êtes en train d'enregistrer une chanson du Top 50. Tout ce que vous pouvez faire, c'est enregistrer votre chanson, en assurer la promotion et espérer qu'elle atteindra le Top 50.

Une information gratuite

Offrir du contenu gratuit est un excellent moyen de faire parler les gens.

Offrez-leur des résultats d'études de marché, des rapports, des livres blancs, des diffusions de vidéos, des lettres d'information, tout ce que vous voudrez. L'information gratuite est une source de sujets riches et étoffés qui conviennent parfaitement au lancement de conversations de bouche à oreille. Plus vous délivrez de l'information, plus vous alimentez des discussions profondes et pertinentes. Par ailleurs, quand vous fournissez aux gens davantage de matière à discussion, c'est valorisant pour eux. C'est une sorte de promotion que vous leur accordez, et ils seront bien plus susceptibles de parler autour d'eux de vos dernières avancées.

Mieux encore, le plus souvent, ces informations sont faciles à transmettre et à partager, et les produire ne coûte pas cher.

J'ai écrit une série d'articles courts et je les ai publiés sur mon site Internet en permettant au public de les télécharger gratuitement. Ce sont des documents simples d'une page, qui comportent chacun moins de 500 mots. Ils ont déjà été téléchargés plus de 10 000 fois, et la plupart ont aussi circulé sous forme d'e-mails. La société Salesforce, sur son site Salesforce.com, met à la disposition des internautes les vidéos, les enregistrements audio et les présentations de toutes les conférences qu'elle a organisées. Cette réserve de contenu extrêmement précieuse accroît l'utilité du produit. C'est aussi un moyen de relancer constamment la conversation dans les milieux professionnels. Les éditeurs en profitent pour publier le premier chapitre de romans non encore publiés et inciter ainsi le public à les lire.

Sans aucun doute, le mieux que vous puissiez offrir à votre public est une lettre d'information électronique hebdomadaire. C'est facile à produire, intéressant pour le destinataire, et celui-ci peut sans aucune difficulté transmettre ce document à ses contacts. Si vous n'avez pas encore créé une lettre d'information, commencez dès aujourd'hui.

Certains craignent que le fait de diffuser trop d'information puisse nuire à la valeur de leurs produits. Or, ce n'est jamais ce qui se passe. L'information que vous divulguez prouve votre compétence et attire la clientèle. Elle donne envie de parler de vous et de communiquer avec vous.

Des curiosités délirantes

Aux États-Unis, la Wienermobile, un véhicule publicitaire en forme de hot-dog, est une source de bouche à oreille depuis 1936 ! À Paris, Ikea a remplacé les sièges sur les quais de quelques métros et de gares par des canapés et des fauteuils en cuir. La chaîne TNT Belgique a même transformé un centre-ville en plateau de film d'action, devant les regards médusés des passants (voir la vidéo incroyable : http://youtu.be/316AzLYfAzw).

Une curiosité ingénieuse peut susciter de façon instantanée un bouche à oreille considérable. Ce ne seront pas nécessairement des conversations profondes et subtiles, mais on parlera de vous.

La société Jones Soda ne dispose pas des ressources qui lui permettraient de faire plus de publicité que Coca-Cola ou Pepsi, mais elle sait comment propager un bon bouche à oreille. Une année, pour la fête américaine de Thanksgiving, elle avait créé toute une série de sodas avec des parfums écœurants : choux de Bruxelles au prosciutto, ragoût de brocoli, pâté de saumon fumé, etc. C'était imbuvable, mais il y avait là matière à faire parler les gens.

Je suis sûr que nous n'avons pas été la seule famille à nous être amusés à tester ces parfums. Les gens qui ont vu cela en ont parlé, et ils remarqueront à coup sûr les parfums habituels la prochaine fois qu'ils feront leurs courses.

Un des exemples les plus délirants dont j'aie entendu parler est celui du site Internet Half.com et de la ville de Half.com. Half.com était un site de vente par correspondance comme un autre. Lors du boom de l'Internet, cette entreprise, comme toutes les autres, avait besoin d'attirer l'attention. Pour cela, ses dirigeants ont obtenu d'une petite municipalité de l'Oregon (de 345 habitants), Halfway, qu'elle change de nom et qu'elle s'appelle Half.com pendant un an. Ce coup commercial, le premier dans son genre, a permis à l'entreprise de faire figurer Half.com sur la carte (de façon littérale) et lui a assuré une importante publicité au niveau national et un bouche à oreille considérable.

Yahoo adore les coups publicitaires qui font parler les gens. Pour son dixième anniversaire, la société avait créé un partenariat avec Baskin-Robbins afin d'offrir un cône glacé à toute personne qui téléchargerait un bon. Target avait organisé un événement à Manhattan un jour de forte chaleur avec un chargement de climatiseurs à 99 dollars. Cette chaîne n'y possédait même pas de magasin, mais tout le monde s'est mis à parler de Target. Il y a aussi le concours de consommation de hot-dogs de Nathan's, qui fait toujours parler de lui.

Une attraction réussie n'a pas besoin d'être très élaborée ni de coûter cher. Il faut simplement que ce soit amusant. Organisez un concours. Organisez une fête. Faites appel à des animateurs en costume d'Elvis Presley. J'ai vu un dinosaure gonflable et un robot dans une vitrine. Cela n'avait rien de très recherché, mais les enfants accouraient de toute la galerie marchande pour voir cela, en amenant leurs parents, bien sûr.

Étape 3 : devenez une entreprise qui fait du buzz

La meilleure solution entre toutes : être une entreprise dont on a envie de parler, de façon générale.

Un bouche à oreille durable sur le long terme est le résultat d'une véritable immersion de votre entreprise dans la philosophie du bouche à oreille. Votre marque de fabrique devient un sujet dont on a fondamentalement des raisons de parler lorsque vous réformez en profondeur votre façon d'envisager votre activité commerciale et vos relations avec vos clients.

Ce genre de changement n'est pas facile. Parfois, il s'agit d'un changement vraiment radical, et toutes les entreprises ne sont pas en mesure de le réaliser. Cependant, votre succès est assuré si vous parvenez à créer une expérience vraiment frappante. Au lieu de chercher constamment à faire passer des messages à grand renfort de publicité coûteuse, vous attirez à vous les clients sans que cela ne vous coûte rien, grâce au bouche à oreille.

Des produits remarquables

Des produits qui sortent de l'ordinaire suscitent un bouche à oreille durable et de nature à changer l'image de l'entreprise.

Créez quelque chose d'irrésistible, et vous pouvez être sûr qu'on en parlera longtemps. Malheureusement, il n'existe aucun moyen de vous apprendre comment y parvenir. Il faut que cela vienne de vous-même.

Les ordinateurs Apple, les carnets Moleskine, les sacs en cuir Gérard Darel, les diamants Tiffany, les chaussures Manolo Blahnik, les glaces Ben & Jerry's, tout cela fait pousser des exclamations.

Dans tous ces exemples, une chose est claire : les gens adorent.

Quelque chose d'unique

« Tu savais, pour .... ? » Voilà comment commencent tant de conversations de bouche à oreille. Nous aimons échanger nos impressions sur ce qui est surprenant, spécial, unique.

Soyez unique. Faites des choses qui soient, par nature, un intéressant sujet de conversation.

Essayez de lancer des sujets auxquels personne d'autre que vous ne pourra être associé. Nous ne sommes pas très loin de ce que l'on appelle, dans le marketing, le positionnement : se faire une place unique dans l'esprit du consommateur. En l'occurrence, c'est dans la conversation du consommateur qu'il s'agit d'occuper une place unique.

Nike vous permet de choisir la couleur et la décoration de vos chaussures de sport, de les personnaliser à votre gré. Quiconque acquiert des Nike en parlera autour de lui, et quiconque en entendra parler saura que les chaussures en question sont des Nike.

La chaîne de magasins Trader Joe's s'est bâti un empire du bouche à oreille grâce à des produits uniques. Le magasin entier est rempli d'articles de la marque maison, ces articles sont remarquables, et on ne les trouve nulle part ailleurs. Ces magasins vendent une garniture de bruschetta dont mes parents (qui habitent en Floride) raffolent. Ils nous demandent de leur en expédier de Chicago. Mon père en parle à ses amis, qui en parlent à leurs enfants. J'ai récemment appris que la fille d'un ami d'un ami de mes parents avait fait un treck de 140 km pour aller acheter un condiment à 3 dollars à Chicago ! Multipliez cela par 300 produits que vous ne trouvez nulle part ailleurs, et cela vous donnera une idée de ce que peut être un produit unique.

Chez Crayola, les génies de la recherche et du développement ont inventé les marqueurs magiques Color Wonder qui n'écrivent que sur un papier spécial, pas sur les murs ni sur la peau. L'idée est si bonne qu'elle parle d'elle-même. Tout parent qui en a fait l'expérience téléphone le jour même à ses amis pour leur en faire profiter.

Une expérience d'achat

Voulez-vous que chaque visiteur qui entre dans votre magasin devienne aussitôt votre porte-parole ? Faites en sorte que tout votre magasin soit un sujet de discussion, que sa visite soit une expérience engendrant inévitablement du bouche à oreille.

Ce que les gens veulent, ce n'est pas simplement trouver des articles et les acheter. C'est pourquoi le centre commercial Mall of America à Bloomighton aux États-Unis, gigantesque jusqu'à l'absurde, attire 42 millions de visiteurs par an.

Chez REI, à l'intérieur même du magasin, vous pouvez tester le matériel d'alpinisme sur un mur d'escalade de trois étages, et vous pouvez essayer les chaussures sur des sentiers de montagne artificiels. On y donne des cours sur l'utilisation des accessoires et sur diverses activités de plein air.

Ces idées sont valables aussi pour les petits commerces.

Laura en a parlé à Julie, qui en a parlé à Andy, qui en a parlé à Karen. Il s'agit d'un cabinet dentaire, à Chicago, tenu par un couple. Le décor de ce « salon dentaire » est original. Au lieu de diffuser une version pour flûte de pan des plus grands tubes des Beatles, on vous demande vos préférences sur la fiche d'information. Ce cabinet se distingue en fin de compte par une atmosphère unique qui fait de chaque visite une expérience particulière.

Comment faire pour qu'un espace mariage, par exemple, offre une véritable expérience à la clientèle ? Il ne s'agit pas simplement de la future mariée. Nos porte-parole, dans cet exemple, ce sont aussi bien la mère, la petite sœur, la meilleure amie et les demoiselles d'honneur. Ménagez un lieu confortable qui soit propice aux conversations. Nourrissez vos visiteuses, distrayez-les, gâtez-les. Pour le bouche à oreille, comptez sur l'entourage de la future mariée, plus encore que sur la future mariée elle-même.

Faites-en votre marque de fabrique

Certaines entreprises ont été créées grâce au bouche à oreille. Les sujets de conversation sont évidents, la raison de parler étant le fondement même de l'entreprise.

Il existe plusieurs manières de souscrire une assurance sur Internet. Progressive Insurance facilite le travail à ses clients en leur fournissant les tarifs de ses concurrents, même lorsque ces tarifs sont meilleurs que les siens. Voilà un sujet qui mérite qu'on en parle. Cette compagnie a tout misé sur un concept de bouche à oreille, sans risque réel sachant que les gens comparent les prix de toute façon.

Le service de dépannage informatique de Best Buy est aussi un parfait exemple de bouche à oreille. On l'appelle le « Geek Squad ». Ses membres portent des tenues typiques des cracks de l'informatique, ils conduisent des « Geekmobiles » qui sont généralement garées devant le magasin, pour que tout le monde les voie. Tout est fait pour produire du bouche à oreille, même parmi les gens qui n'ont pas besoin d'un dépannage informatique. Cependant, le jour où quelqu'un en a besoin, il se souvient de Best Buy.

Pour faire prospérer votre activité grâce au bouche à oreille, vous pouvez choisir des clients qui soient aussi des gens qui parlent. Mes parents avaient exploité à un moment un laboratoire photo qui réalisait les développements dans l'heure. Leurs clients étaient des gens qui faisaient leurs courses dans les environs, et il était difficile de se faire connaitre auprès d'eux sans une bonne campagne de publicité. Mes parents ont donc revendu leur commerce et ouvert un laboratoire photo spécialisé destiné aux photographes professionnels et aux agences de publicité. Ces deux professions sont des communautés de gens qui se connaissent et qui parlent beaucoup entre eux. L'activité de mes parents n'a pas tardé à devenir si florissante qu'ils n'avaient plus besoin de vitrine. Pour faire des économies de loyer, ils ont donc transféré leur studio au quatrième étage d'un immeuble de bureau des plus quelconques. Grâce au bouche à oreille, on savait où ils étaient.

Demeter Fragrance Library, ce ne sont sans doute pas vos parfums habituels. Néanmoins, si c'est vraiment ce que vous souhaitez, cette marque vous propose des parfums de pain de seigle, de tomate ou de pâte à modeler. Qui voudrait s'asperger d'un parfum de homard ou de ver de terre ? Le bouche à oreille sur ces fragrances inhabituelles est pourtant ce qui a permis à cette marque de percer dans un secteur difficile et d'y devenir un leader.

Une marque est rarement adaptée au bouche à oreille. Ce n'est pas une chose facile. Il faut pour cela une implication totale dans ce concept, mais cela en vaut la peine.

ÉTUDE DE CAS

IKEA, DES SUJETS À LA PELLE

On n'oublie pas sa première visite chez Ikea. Pour ma part, j'étais étudiant. C'est mon camarade James, avec qui je partageais une chambre sur le campus, qui m'a initié. Nous avons parcouru une cinquantaine de kilomètres pour acheter du mobilier bon marché et pour découvrir, en même temps, ce dont nous entendions tellement parler. Par la suite, durant ces vingt dernières années, j'ai dû faire découvrir Ikea à plusieurs dizaines de personnes, et j'y ai probablement acheté pour plusieurs dizaines de milliers de dollars de produits en promotion grâce au bouche à oreille.

Une visite chez Ikea change les idées, ce n'est pas la corvée habituelle des magasins de meubles. C'est presque comme aller à Disneyland.

Voici cinq sujets de bouche à oreille provenant de la même expérience :

→

- *C'est surprenant.* On y trouve à chaque fois des articles ingénieux ou amusants auxquels on n'aurait jamais pensé, par exemple une chaise en forme de tortue à 15 dollars.
- *C'est bien pour les enfants.* Acheter des meubles en étant accompagné de jeunes enfants est généralement une très mauvaise idée. Ikea vous permet de le faire dans de bonnes conditions, en vous proposant des couches à bas prix, des articles alimentaires pour bébé et une garderie si vous voulez vaquer à vos achats en toute tranquillité. Imagineriez-vous Castorama prendre soin de votre bébé pendant que vous y effectuez vos achats ?
- *On y mange bien.* J'y vais rien que pour les boulettes de viande suédoises. Le restaurant est si bon (et pas cher) que déjeuner là-bas est un réel plaisir.
- *Il y a du mystère.* Tous les produits ont des noms suédois. Ces noms sonnent si étrangement que des sites Internet ont été créés pour les décoder. Et pour vous, qu'est-ce que ce sera ? Jerker ? Skänka ? Skydd ?
- *Il y a de bons produits.* En choisissant Ikea, vous savez ce que vous achetez. On y trouve de bons articles à des prix extrêmement raisonnables. C'est une bonne adresse, on n'y perd pas son temps et on a envie d'en parler à ses amis.

Plan d'action : trouvez vos sujets

La mauvaise nouvelle est que meilleur vous êtes pour concevoir une bonne campagne de marketing, moins vous savez trouver de bons sujets de bouche à oreille.

Les gens ne reproduisent pas le travail d'un service de marketing.

Pourquoi cela ? Parce que les gens ne reproduisent pas le travail d'un service de marketing. Pour qui sait rédiger et mettre en page, il est difficile de cesser de penser à un bel argumentaire et à une belle maquette. N'oubliez pas cette règle : ce qui est séduisant dans un article de journal, dans un dépliant ou dans une publicité n'est jamais un sujet de bouche à oreille potable.

Ne vous en faites pas pour autant. Il faut juste un peu de pratique (et beaucoup de souplesse) pour arrêter de penser à des slogans et commencer à trouver des sujets susceptibles d'une bonne propagation par le bouche à oreille.

Pour vous lancer, utilisez les fiches qui suivent (vous pouvez télécharger des versions imprimables sur le site Zenbusiness.fr, mais je vous recommande plutôt d'acheter plusieurs exemplaires de ce livre).

Le premier exercice vous apprendra à vous poser les bonnes questions concernant vos produits. Méritent-ils vraiment qu'on en parle dans les conversations ? Qui en parlerait à l'un de ses amis ? Que pourrait-on changer, ajouter ou arranger pour que les gens en discutent ?

Le second exercice vous permettra de commencer à envisager de façon créative des sujets de bouche à oreille un peu plus variés. Amusez-vous : le mieux est de pratiquer cet exercice tout en consommant de la bière ou de la caféine.

Guide pour trouver de nouveaux sujets de conversation

Votre produit mérite-t-il qu'on en parle ?
Posez-vous les bonnes questions, jusqu'à ce que vous puissiez y répondre définitivement par « OUI ! »

PRODUIT: ______________________________

QUESTION	VOTRE PLAN
Quelqu'un en parlera-t-il à un ami ? (Non : ajoutez quelque chose ! Peut-être : il y a encore du travail ! Oui : comment imagine-t-on ce qui se produira ?)	
Qu'en dira-t-on ? (C'est votre sujet de bouche à oreille.)	
À qui en parlera-t-on ? (Le sujet suscite-t-il de nombreuses conversations ?)	
Comment faire pour que les gens en parlent à davantage de monde ? (Faites qu'il soit facile d'en parler à cinq personnes plutôt qu'à une seule.)	

Téléchargez cette fiche sur le site Zenbusiness.fr.

Fiche de travail sur les nouveaux sujets de conversation

Exercice de rapidité : trouvez le plus possible de sujets pour un type de porte-parole et pour un seul produit. Il s'agit d'avoir des idées originales, soyez donc créatif !

PERSONNE : ____________________

PRODUIT : ____________________

VOTRE PLAN

1.	
2.	
3.	
4.	
5.	
6.	
7.	
8.	
9.	
10.	
11.	
12.	
13.	
14.	
15.	

Téléchargez cette fiche sur le site Zenbusiness.fr.

7

Comment accroître la diffusion des messages

Votre job : faire en sorte que le message se propage plus facilement

Le bouche à oreille est efficace, mais il ne se propage pas éternellement. Quand les gens se parlent, la conversation reste limitée à une courte distance.

Le bouche à oreille devient bien plus efficace encore quand on l'aide à se développer.

C'est une bonne chose qu'un client parle de vous à un ami, mais s'il publie sur Internet un commentaire positif que tout le monde pourra lire, c'est encore mieux. C'est une bonne chose qu'un client profite d'une offre spéciale que vous lui avez envoyée, mais c'est mieux encore s'il l'envoie lui-même par e-mail à une cinquantaine de contacts.

Une fois que vous avez identifié vos porte-parole et que vous avez un sujet dont vous aimeriez qu'ils parlent, il est temps de réfléchir à tout ce que vous pourriez faire pour accélérer le processus. Les techniques dont il sera question ici font partie des différents moyens dont vous disposez pour faire circuler le message.

N'oubliez pas notre définition initiale : donner aux gens une raison de parler de votre produit et faire en sorte que cette conversation puisse avoir lieu plus facilement. C'est l'objet de toutes ces techniques.

LEGO a découvert quelque chose d'intéressant : les grands aussi aiment jouer au LEGO. Les fans de ce jeu restaient relativement discrets, jusqu'à ce que le fabricant crée un forum sur Internet, sur lequel ils peuvent maintenant se retrouver, discuter de leur hobby et échanger des idées. Comme on peut l'imaginer, il en est résulté un abondant bouche à oreille. Une conversation qui existait déjà a pu ainsi s'amplifier. La communauté des fans du LEGO est devenue plus active, plus impliquée, et il s'est révélé que les adultes avaient bien plus d'argent à dépenser que les jeunes enfants.

Une technique n'a pas besoin d'être compliquée. Un des grands classiques du bouche à oreille, ce sont les cartes postales gratuites qu'on trouve dans toutes les chambres d'hôtel. Une carte postale n'est qu'une petite publicité pour l'hôtel. Envoyer cette carte est devenu comme un rituel. C'est un très bon système, et c'est un moyen simple de permettre aux clients d'en parler plus facilement à leurs amis.

Des courants rapides

En matière de diffusion, il faut surtout raisonner en termes de rapidité et de communicabilité.

Comparez votre sujet à une goutte d'huile versée sur un cours d'eau rapide. Au moment où cette goutte touche la surface de l'eau, elle se diffuse loin et à une grande vitesse. Les e-mails viraux, les blogs connus et les sites qui critiquent les produits sont des exemples de courants sur lesquels vous souhaiterez propager votre message. Ce sont aujourd'hui les vecteurs d'un bouche à oreille accéléré.

Voici une suggestion simple : insérez votre sujet actuel sous forme d'un bandeau à la fin de tous les e-mails que vous envoyez. Faites qu'il en soit de même pour tous les e-mails envoyés par votre entreprise. Vous en envoyez peut-être 50 à 500 par semaine, et votre entreprise en envoie bien davantage, toujours à des destinataires qui ont un lien actif avec elle. Le bandeau de signature de vos e-mails est un très bon vecteur pour transmettre ce genre de message. Changez le message une fois par mois, et ce sera un excellent outil pour entretenir la circulation de sujets communicables.

L'Internet est votre outil le plus puissant

Une grande partie de cette section sera consacrée à l'utilisation d'Internet comme moyen d'accélérer le bouche à oreille. Les outils les plus efficaces et les plus puissants sont sur Internet. Comme je l'ai souligné, 80 % du bouche à oreille se produit en dehors d'Internet, c'est pourquoi votre attention doit se porter sur les gens qui parlent, sur les sujets abordés et sur le monde réel. Cependant, pour pouvoir diffuser vos messages plus vite et plus loin, l'outil de communication approprié est Internet. Simplement, n'oubliez pas que les outils en ligne servent à diffuser des conversations qui commencent souvent sur Internet, mais qui ne s'y terminent pas nécessairement.

3 techniques de marketing du bouche à oreille indispensables

Prenez un crayon et écrivez.

Même si vous deviez ne rien faire d'autre de ce que je vous recommande, même si vous deviez ignorer le reste de ce livre, notez au moins ces trois actions sur votre liste de tâches prioritaires. Elles vous permettront d'obtenir davantage de bouche à oreille que n'importe quoi d'autre :

1. Demandez aux gens de faire passer le mot.
2. Mentionnez tout dans un e-mail.
3. Sur toutes les pages de votre site Internet, mettez un lien « Informer un ami ».

Ces solutions sont gratuites, faciles, et ce sont les moyens les plus efficaces de faire d'une simple recommandation un bouche à oreille qui fonctionne.

1. Demandez aux gens de faire passer le mot

Parfois, il suffit de demander.

Pour créer un bouche à oreille, la première méthode, la plus facile et la plus évidente, consiste à demander aimablement. La plupart du temps, les gens ne parleront que si vous leur demandez de parler. Par conséquent, demandez-le fréquemment, et demandez-le partout.

La difficulté n'est pas tant de trouver les gens qui parleront, que de déclencher la conversation. Souvent, demander de l'aide aux clients est compris comme un compliment, et c'est ce qui les incite à commencer à parler de vous aux autres. N'oubliez pas qu'inviter les gens à faire passer le mot est un moyen de leur donner un statut particulier et de faire d'eux des initiés.

L'expression qui désigne cela est *l'appel à l'action*. Il s'agit de signaux visuels et verbaux invitant les gens à faire quelque chose. Intégrez des appels à l'action dans tout ce que vous faites. Utilisez le pouvoir de la suggestion. C'est efficace. Voici quelques idées :

- Partout sur votre site Internet, faites apparaître des expressions comme « Informer un ami », « Faire passer le mot », etc. (peu importe que les gens cliquent dessus ou non, ce rappel visuel fait pénétrer l'idée dans leur tête).
- Faites également apparaître ces expressions dans tous vos e-mails.
- Habituez votre force de vente à conclure chaque vente par un remerciement et par un amical « n'oubliez pas d'en parler à vos amis ».
- Faites figurer cette demande sur vos factures et vos reçus.
- Affichez un message sur votre porte.
- Envoyez un e-mail de rappel après chaque commande en ligne.

Avant la conférence annuelle de ma société, nous envoyions un message à chacun de nos membres, dans lequel nous leur demandions d'avertir leurs clients et associés. Nous leur demandions aussi de faire apparaître un rappel sur leurs blogs et dans leurs lettres d'information. Chaque destinataire recevait un code « secret » unique donnant droit à une réduction, ce qui lui permettait d'impressionner ses contacts. Les codes étaient amusants et donnaient envie de partager (le code secret de la société XYZ était « weloveXYZ »).

À des volontaires, il faut demander de se porter volontaires. La plupart du temps, les gens ne franchiront pas le pas spontanément. Les organismes à but non lucratif savent s'y prendre. Solliciter de l'argent ou obtenir des adhésions est la deuxième étape, une fois qu'on a demandé à un grand nombre d'individus de servir de relais et de faire passer le mot.

Il est facile de demander, mais la plupart des entreprises oublient de le faire.

2. Mentionnez-le dans un e-mail

Mentionnez-le dans un e-mail. Mentionnez tout dans un e-mail.

L'e-mail est l'outil de bouche à oreille le plus rapide, le plus reproductible et le plus efficace qui ait jamais été inventé. L'e-mail, c'est la libre circulation des idées. Introduire un sujet dans un e-mail, c'est le rendre partageable.

Vitesse et Portabilité sont les deux notions clés à retenir.

Tout ce que vous faites, informez-en quelqu'un par e-mail. Créez une lettre d'information électronique qui vous permette de parler de divers sujets à un grand nombre de destinataires. Il faut que les gens puissent s'inscrire à votre lettre d'information sur votre page d'accueil.

Un bon de réduction ou une invitation sur papier, c'est une promotion ponctuelle pour un utilisateur unique. En revanche, un bon ou une invitation par e-mail peut vous amener des milliers de gens par le bouche à oreille.

Si vous voulez vraiment qu'un e-mail fasse boule de neige, utilisez les méthodes suivantes :

- *Assurez-vous que votre message peut être retransmis.* Bien trop souvent, des e-mails conçus méthodiquement cessent d'être utiles lorsqu'ils sont retransmis avec des images ou des liens altérés ou supprimés. Envoyez votre e-mail à vous-même sur différents comptes et sur différentes machines pour vous assurer qu'il restera attrayant quand il sera retransmis.
- *Rédigez-le à l'attention du deuxième destinataire.* Assurez-vous que votre message reste tout aussi parlant quand un lecteur le reçoit d'un de ses amis. Le lecteur ne saura pas toujours qui vous êtes. Ajoutez des rubriques « À propos de nous », « À

propos de cette lettre d'information », tout ce qui permettra à celui qui entendra parler de vous pour la première fois de savoir qui vous êtes et ce que vous faites d'intéressant.

- *Gagnez de nouveaux porte-parole.* Chacun de vos e-mails doit comporter des instructions pour s'abonner. Ne comptez pas sur les destinataires de second rang pour se rendre sur votre site et chercher comment s'inscrire sur votre liste. Accrochez-les au passage, au moment où ils sont prêts à agir.
- *Demandez à vos destinataires d'en parler à leurs amis.* Insérez un appel à l'action bien visible juste en haut du message. N'oubliez pas que les gens se mettent à parler quand vous leur demandez de parler. Incluez dans votre message un lien vers un formulaire permettant de transmettre l'information à un ami.

Dans les e-mails, les conseils qui suivent sont également pertinents :

- *Soyez amusant.* Mettez quelque chose de rigolo à la fin de chaque message, pour donner l'envie aux gens de le transférer à leurs contacts. Dans ma lettre d'information, la dernière rubrique est toujours amusante, souvent originale, et rarement en rapport avec le reste du message. Les gens adorent se transmettre ce genre de curiosité, c'est le côté incongru ou amusant qui incite à faire passer et le message du marketing voyage par ce biais.
- *Dites au lecteur de NE PAS transférer ce message.* Ce truc est toujours efficace. Parmi mes messages, ceux qui sont transférés à un grand nombre de personnes sont toujours ceux qui commencent par la mention « CONFIDENTIEL : NE PAS TRANSFÉRER ».

3. Des formulaires électroniques pour envoyer l'information aux amis

Mettez un formulaire ou un lien « Informer un ami » sur chaque page de votre site Internet.

Ce peut être une petite icône ou un lien avec la mention « En parler à un ami » ou « Envoyer cette page », etc. Vous pouvez aussi ajouter un petit formulaire à remplir sur la page même.

Songez-y. Si un visiteur de votre site, intéressé par l'un de vos produits, a tout à coup envie d'en parler à quelqu'un d'autre, facilitez-lui la tâche. Cette personne est disposée à vous faire de la publicité gratuite, avec sa propre caution. Il se peut que ce visiteur ait une question à poser avant d'acheter, ou simplement qu'il aime ce qu'il voit. Faites tout pour qu'il y ait du bouche à oreille dans ce genre de situation.

Quand une personne éprouve le désir de transmettre l'information à l'un de ses contacts, c'est un moment magique. Faites en sorte qu'il lui suffise d'un clic de souris pour cela. Encouragez les gens à interroger leur entourage.

Ne vous laissez pas influencer par votre administrateur qui vous dira que c'est trop compliqué ou trop coûteux. Sur votre site Internet, vous pouvez très bien faire installer en moins d'une heure un de ces plug-in qui ne coûtent pas cher et qui sont parfois même gratuits.

Voici les secrets qui vous permettront de créer des formulaires efficaces :

- *Faites que ce soit rapide.* Ce formulaire doit pouvoir être rempli en moins de 15 secondes. Évitez les champs optionnels, le mot de passe, tout ce qui pourrait compliquer l'acte de transmission de l'information à un contact.
- *Proposez des champs pour saisir les coordonnées de plusieurs contacts.* Demandez clairement à l'utilisateur de transférer le message vers plusieurs contacts. Plus vous demanderez, plus

vous obtiendrez. Il faut qu'on puisse ajouter un grand nombre de noms sans risque d'erreur ou de confusion.

- *Utilisez le nom de l'expéditeur.* Le message doit être envoyé de la part de l'utilisateur, et non pas de la part de votre site. Le destinataire n'est pas censé recevoir un e-mail de vous. Il risquerait de le supprimer, tandis qu'il sera plus attentif à un message provenant d'un de ses amis.
- *Incluez un message personnel.* Il faut que l'utilisateur puisse ajouter du texte au message. La recommandation est bien plus efficace quand la personne s'exprime avec ses propres mots.
- *Faites en sorte que le message puisse être transféré à nouveau.* Examinez le message tel que le destinataire le recevra. Est-ce bien un message de bouche à oreille, ou est-ce un lien plus ou moins difficile à comprendre ? Pour créer un message qui sera partagé, appliquez les conseils qui précèdent.
- *Protégez la confidentialité, et faites-le savoir.* Précisez de façon claire et explicite que vous respectez la vie privée de l'expéditeur et du destinataire du formulaire et que leurs adresses électroniques ne seront pas utilisées pour un quelconque autre objet (et tenez votre promesse). Vous ne le regretterez pas.

Multipliez le partage

Il serait vraiment dommage que chaque destinataire n'en parle qu'à un seul de ses contacts.

Des techniques pour faciliter la conversation.

Donnez à vos porte-parole un plus grand pouvoir en leur permettant de partager plus facilement l'information avec plus d'un contact à la fois. Sur vos formulaires servant à « Informer un ami », ajoutez des lignes supplémentaires pour la saisie des destinataires. Assurez-vous que vos porte-parole disposent de toutes les informations et de tous les documents qu'ils désirent. Demandez-leur toujours de vous recommander à deux contacts plutôt qu'à un seul. Au lieu d'envoyer un seul exemplaire de votre livre ou de votre produit à un critique, envoyez-en plusieurs, pour qu'il puisse en donner autour de lui. Ainsi, d'autres critiques seront incités à s'y intéresser et à en parler autour d'eux.

Quand Seth Godin avait publié un recueil d'essais intitulé *The Big Moo*, il avait amorcé la pompe au préalable en proposant des exemplaires en prépublication à 2 dollars. Il fallait cependant en acheter cinquante. Il avait proposé cette offre à ceux dont il savait qu'ils parleraient du livre et qu'ils le feraient circuler. Les recettes de cette prépublication étaient destinées à une œuvre caritative, et Godin put ainsi mettre 10 000 exemplaires de son livre dans les mains de 200 de ses meilleurs porte-parole.

Cherchez toujours d'autres moyens de multiplier le bouche à oreille. À un bon de réduction, ajoutez un second bon destiné à un ami. Plutôt que des prospectus, distribuez des paquets de Post-it, sachant que chaque paquet sera partagé par une cinquantaine de personnes. Plutôt qu'un seul échantillon gratuit, offrez-en trois. À toute invitation privée, joignez un carton ou une rubrique « Amenez un invité ».

Étude de cas

Potbelly multiplie le bouche à oreille

Potbelly Sandwich Works, une fameuse chaîne de points de vente de sandwichs à Chicago, est en train d'accéder à une dimension nationale. La façon dont elle s'y prend pour faire parler d'elle sur chaque nouveau marché est une superbe démonstration de marketing du bouche à oreille hors Internet.

→

Quand cette société a ouvert ses premiers points de vente à Austin, elle a loué une liste d'adresses de prospects ayant déménagé de Chicago à Austin. Elle a envoyé à chacun un courrier d'une page, signé à la main : *Félicitations pour votre récent déménagement ! J'espère que vous vous plaisez à Austin. Mais je me demande : n'auriez-vous pas un tant soit peu le mal du pays ? Nous sommes heureux de vous en rappeler le parfum grâce à l'ouverture d'un Potbelly Sandwich Works à Austin. Désormais, vous pouvez faire découvrir à vos amis et collègues cette sandwicherie si originale dont vous leur avez tant parlé. Vous trouverez ci-joint dix bons pour un sandwich gratuit, c'est le cadeau que nous vous offrons pour vous permettre de partager avec vos amis l'amour de Potbelly.*

Le coup de génie, ici, ce sont les dix sandwichs gratuits. S'il n'y avait eu qu'un seul sandwich gratuit, chaque destinataire en aurait profité, mais seul. Avec dix bons, les gens font le tour des bureaux ou de leur voisinage pour inviter leur entourage à découvrir les sandwichs de Potbelly. C'est ainsi qu'on fait d'un client un porte-parole : un porte-parole à qui on permet d'avoir le beau rôle en offrant le déjeuner à toute son équipe.

Ces dix bons sont un multiplicateur, un outil qui duplique une recommandation. Les destinataires pouvaient aussi s'inscrire sur une liste de VIP pour recevoir par e-mail une invitation à une soirée privée d'ouverture. Ne l'oubliez pas, vous ne devez pas vous contenter de trouver vos porte-parole : vous devez chercher un moyen de communiquer avec eux.

Les offres « 2 pour le prix d'1 »

La fameuse formule « 2 pour le prix d'1 », c'est typiquement du marketing du bouche à oreille. La méthode est particulièrement efficace lorsque la présence d'une seconde personne est requise, comme dans le cas des billets de cinéma (il est très difficile d'être assis sur deux sièges en même temps). Quand votre porte-parole cherche qui, parmi ses amis, pourra profiter de l'offre avec lui, cela vous fait du bouche à oreille supplémentaire.

À un membre qui renouvelle sa cotisation, Costco, chaîne de distribution fonctionnant sur le principe club-entrepôt avec adhésion, offre parfois une adhésion gratuite pour un ami. L'idée est excellente. Le membre actuel se voit ainsi conférer un statut lui permettant d'accorder un privilège à l'un de ses amis, et c'est par le bouche à oreille qu'il pourra choisir le bénéficiaire de l'offre. Costco se rattrape sur le renouvellement effectué par l'ami l'année suivante (sans compter que celui-ci va à son tour amener un ami).

Le magazine *The Week* m'a envoyé un bulletin d'abonnement sur lequel on me proposait d'abonner gratuitement un ami, à condition que nous signions l'offre en même temps. Comme j'avais hésité à m'abonner, cette offre m'a donné la motivation nécessaire, plus une bonne raison de parler de *The Week* à mes amis. J'en ai parlé à quatre collègues avant de trouver le bénéficiaire. Ce magazine a ainsi suscité du bouche à oreille et a gagné au moins deux abonnés.

Publiez des pages qui se propagent

Faites en sorte qu'il soit vraiment facile pour les utilisateurs de partager vos messages sur Internet. Plutôt que le simple formulaire standard « Informer un ami », vous pourriez faire tellement plus ! C'est toute votre page Internet qui doit être conçue de manière à encourager le bouche à oreille.

Pour devenir le plus gros site de partage de vidéo, YouTube a dû battre une trentaine de concurrents. Son secret, c'est d'avoir su si bien demander aux internautes d'envoyer des e-mails à leurs amis et de leur avoir rendu la tâche extrêmement facile. Chaque page propose plusieurs manières de partager une vidéo :

- un lien « Partager » ;
- un code HTML que vous pouvez immédiatement copier et coller sur votre propre site Internet ;

- des liens qui vous permettent d'envoyer automatiquement la vidéo vers vos comptes de réseaux sociaux sans quitter YouTube ;
- une fois que vous avez visionné la vidéo, un autre lien « Partager » apparaît sur l'écran ;
- un formulaire archi-simple pour partager, dont l'utilisation prend moins de trois secondes ;
- une sauvegarde des adresses électroniques des contacts à qui vous envoyez la vidéo, pour vous permettre de leur adresser plus facilement un nouvel envoi. C'est très efficace. Si vous envoyez une vidéo à votre mère une première fois, puis à votre sœur la seconde fois, les deux adresses resteront mémorisées pour un prochain envoi. La prochaine fois que vous voudrez faire connaître une vidéo à votre père, il y a de fortes chances que vous l'envoyiez aussi à votre mère et à votre sœur, sachant que leurs adresses apparaîtront sans que vous n'ayez eu besoin de les saisir à nouveau.

Intégrez le bouche à oreille dans votre produit

Cherchez comment vous pourriez intégrer le bouche à oreille à votre produit ou service. Mentionnez des qualités ou des caractéristiques qui feront que le bouche à oreille positif suivra automatiquement l'utilisation du produit.

La création d'Hotmail est un exemple classique de marketing du bouche à oreille. En dix-huit mois, cette compagnie est passée de zéro à huit millions d'utilisateurs, puis elle a été revendue pour 400 millions de dollars moyennant à peine plus de promotion que de bouche à oreille. Quel était son secret ? Chaque e-mail comportait en bas de page un petit lien intitulé « *Get your free Email at Hotmail* » (« Obtenez une adresse e-mail gratuite chez Hotmail »). Hotmail est ce que l'on pourrait appeler un produit viral : on ne peut pas l'utiliser sans propager en même temps le bouche à oreille sur ce produit.

Pendant une génération, quelle était la première chose que l'on faisait avec un appareil photo Polaroïd ? On offrait la photo à ses amis. Polaroïd a encore facilité cette tendance en mettant au point un papier dont le verso est autocollant. Rien de tel, pour faire voyager des photos, que de les coller sur des vêtements, sur des vélos ou sur des voitures.

La méthode n'est pas efficace pour tout, mais essayez de faire en sorte que l'utilisation et le partage de votre produit fassent partie du même processus.

Recherchez les effets de réseau

Si vous possédiez le seul télécopieur du monde, il vous serait inutile. Lorsqu'il en existe un petit nombre d'utilisateurs, tout change, mais la télécopie devient bien plus utile quand davantage de gens sont équipés. C'est l'effet de réseau. Cet effet s'est vérifié avec les téléphones, les télécopieurs, la messagerie électronique, la messagerie instantanée et la plupart des nouvelles technologies de communication. Les effets de réseau entraînent des vagues géantes de bouche à oreille.

L'exemple le plus récent est celui de Skype, un service de téléphonie qui ne fonctionne que sur Internet et dont on se sert essentiellement pour communiquer avec d'autres utilisateurs de Skype. Si vous voulez vous en servir pour communiquer avec des amis, il faut que vos amis aient eux-mêmes un compte Skype. C'est pourquoi vous ne cessez de leur suggérer d'en ouvrir un. Si les autres services de téléphonie par Internet n'ont pas le même pouvoir de bouche à oreille, c'est parce qu'ils vous permettent de téléphoner vers des lignes fixes classiques. Vous n'avez donc aucune raison d'en parler à vos amis.

Songez à vos porte-parole, non pas comme des individus isolés mais comme des individus qui ont chacun des groupes d'amis proches, des collègues, des contacts Web, etc. Réfléchissez à toutes les raisons qui pousseront vos clients à vouloir inciter leurs amis à utiliser votre produit.

Quelque chose à partager

N'attendez jamais de quelqu'un qu'il ait de lui-même l'idée de parler de vous. Fournissez-lui quelque chose qui lui donnera cette idée, qui le motivera et qui fera qu'il se sentira valorisé en parlant de vous aux autres.

Donnez aux gens quelque chose à partager.

Des éléments à transmettre par voie électronique

Créez tout un ensemble d'éléments à copier et coller, comprenant tout ce dont quelqu'un pourrait avoir besoin pour pouvoir transmettre à ses contacts des informations vous concernant. Il vous faut au minimum :

- des logos, des bandeaux publicitaires et des icônes, dans toutes les tailles standard pour qu'ils soient adaptés à différentes utilisations ;
- un texte de présentation dans différents styles et de différentes longueurs ;
- des messages électroniques prêts à l'envoi.

Vous obtiendrez encore plus de bouche à oreille avec un contenu enrichi. Ce qui est plus intéressant a de plus fortes chances de circuler. Essayez les sons, les animations, les cartes postales électroniques et les codes à copier et coller permettant d'insérer une publicité dans une page Internet. Ce contenu prêt à être inséré est ce que l'on appelle le « widget ».

Plus vous donnez de la matière à vos porte-parole, plus ils pourront facilement parler. Tout aussi important, quand vous leur fournissez du texte et des images, cela vous permet d'exercer un peu de contrôle sur le contenu et sur l'aspect du message qui sera retransmis.

Quand vous annoncez un nouveau projet, préparez un e-mail spécial pour demander à vos porte-parole de vous aider à diffuser l'information. Votre message devra commencer par une introduction suivie d'une explication, avec des images et du texte pouvant être immédiatement copiés et collés. L'e-mail devra se terminer par un message prêt à être envoyé et comportant déjà comme nom d'expéditeur celui de votre porte-parole. Ainsi, il n'aura plus qu'à supprimer la première partie du message et à transférer le reste à chacun de ses contacts.

Des souvenirs et des petits cadeaux

Faites en sorte que personne ne ressorte de votre magasin les mains vides.

Vous avez connu le temps où les gens fumaient librement dans les restaurants, les bars et autres lieux publics ? Les restaurateurs distribuaient à leurs visiteurs des petites boîtes d'allumettes revêtues de leur logo. C'était un petit cadeau utile qui rappelait à la personne le restaurant chaque fois qu'elle prenait une allumette. C'était aussi un moyen de faire circuler le nom de l'établissement. Qu'est-ce qui peut aujourd'hui remplacer la boîte d'allumettes ? Imaginez des petits objets que vos clients pourraient emporter et dont ils auraient l'usage, et marquez-les de votre logo et de votre message publicitaire.

À vos visiteurs, donnez quelque chose qu'ils puissent emporter dans leur poche et montrer à leurs amis, à leur conjoint ou à un collègue. Stylos, calendriers et images magnétiques font partie des nombreux objets que vous pourriez offrir à vos clients pour entretenir la conversation à votre sujet. Au minimum, disposez à côté de la caisse enregistreuse des cartes de visite ou des dépliants de format poche.

Ces petits cadeaux ont deux fonctions simples. Ils incitent votre porte-parole à parler (au moment où il les ressort de sa poche ou de son sac) et ils lui fournissent un sujet de conversation.

Ils servent à lancer la discussion.

Si vous vendez des produits coûteux ou compliqués, disposez des petits dépliants d'information à côté de chaque modèle présenté. Une petite fiche mentionnant les spécifications du produit est aussi quelque chose que le visiteur peut rapporter chez lui pour montrer à son entourage. C'est pour lui une aide dans sa décision d'achat, mais c'est aussi ce qui lui permet de parler de votre produit ou de votre magasin à un nouveau client potentiel.

Si je tenais un restaurant, j'offrirais six portions supplémentaires gratuites de dessert à tous ceux qui retourneraient sur leur lieu de travail après le déjeuner. Ainsi, après s'être régalé de son dessert, chaque client irait distribuer les six autres à ceux de ses collègues les plus intéressés, et ce serait une formidable publicité pour mon restaurant.

Réfléchissez à cette petite chose simple que vous pourriez offrir à vos porte-parole pour qu'ils n'oublient pas de parler de vous autour d'eux.

Garnissez vos colis

Si votre entreprise vend ses produits sur catalogue ou sur Internet, vous n'avez pas affaire à vos clients directement et ces derniers ne vous rendent pas visite dans votre magasin.

Dans ces conditions, comment allez-vous faire de ces acheteurs des porte-parole ?

Il s'agit de garnir le colis avec des éléments déclencheurs de bouche à oreille.

Un colis expédié est une belle opportunité de bouche à oreille, et vous pouvez mettre « le paquet » sans que cela vous coûte un centime de plus en frais d'expédition. Songez à tout ce que vous pourriez y ajouter pour que vos clients parlent de vous.

Au minimum, ajoutez dans tous vos envois les éléments suivants : trois offres ou bons de réduction à partager avec les amis, trois catalogues ou dépliants, et trois échantillons de quelque chose. Ainsi, vous mettez directement dans les mains de votre client de quoi vous recommander. Le moment ne saurait être mieux choisi. Votre client est tout content de recevoir son nouvel article, et il ne demande sans doute qu'à en parler autour de lui.

Le meilleur outil pour qu'on parle de vous est pourtant simple et évident : le demander gentiment.

Mieux encore : surprenez vos clients avec quelque chose d'inhabituel. Un mot de remerciement manuscrit, par exemple, fera son effet. Ajoutez une belle boîte ou un bel emballage pour le produit. Quand j'achète sur Internet du matériel de bureau, je trouve un sac de M&M's dans chaque envoi. C'est assez inhabituel pour que j'en parle autour de moi, et mes stagiaires passent le mot à leurs camarades qui travaillent dans d'autres entreprises (après m'avoir volé mes bonbons).

Pour votre lune de miel

Je vous ai expliqué que de nouveaux clients pouvaient bien être vos porte-parole les plus prolifiques (mais à court terme), vous souvenez-vous ? Il vous faut donc de quoi les rallier rapidement à votre cause avant qu'ils ne disparaissent dans la nature.

Tirez parti de l'enthousiasme de vos nouveaux clients pendant cette lune de miel en leur fournissant tout ce dont ils auront besoin pour commencer à parler de vous. Utilisez les éléments mentionnés précédemment. Tendez à vos nouveaux clients une enveloppe contenant une lettre de bienvenue et des bons de réduction à partager.

Chez Dale and Thomas Popcorn, tout client a la possibilité de faire parvenir gratuitement un échantillon à la personne de son choix. Avant même de commander des produits, les nouveaux clients sont déjà en train d'en parler. Dans les centres Crunch Fitness, on offre aux clients des invitations à l'attention de leurs amis.

Pour des produits plus complexes, vous pouvez inventer tout un système d'accueil avec du matériel de formation, des logos à placer sur les sites Internet, des documents utiles et des petits gadgets. Ajoutez à cela une enquête pour récolter les noms des personnes auxquelles vous devez vous adresser dans l'entreprise dans laquelle travaille votre client.

N'hésitez pas à demander à vos nouveaux clients de vous recommander. Quelqu'un qui vient de décider de faire commerce avec vous ne demandera pas mieux que de rester dans sa logique et d'y impliquer ses amis. Solliciter leur aide, c'est aussi un moyen de les flatter, de leur donner le sentiment de faire partie de votre famille.

Conçu pour être volé

La société d'études de marché eMarketer maîtrise très bien le concept du bouche à oreille par copié-collé. Ses lettres d'information électroniques et son site Internet sont remplis de magnifiques schémas et graphiques. Chaque image est parfaitement dimensionnée pour pouvoir être copiée dans un rapport ou dans une présentation PowerPoint. Par ailleurs, tout est conçu pour qu'on ne manque pas de s'apercevoir que cela provient d'eMarketer.

Le pouvoir de cette technique en matière de bouche à oreille est remarquable. Chaque jour, dans tous les États-Unis, des dirigeants et des cadres d'entreprises exhibent eMarketer dans leurs réunions, dans leurs conférences et dans leurs rapports. C'est un bouche à oreille massif. La société eMarketer entretient cela en publiant chaque semaine de nouvelles informations (des graphiques prêts à être copiés). Pourquoi recourir à la publicité payante quand les gens sont prêts à vous faire de la publicité gratuite ?

Que pouvez-vous faire pour que vos documents soient plus faciles à reproduire et à partager ?

Échantillons et semences

C'est si évident que beaucoup l'oublient : les gens ne parlent pas de ce qu'ils n'ont jamais vu ni essayé (en réalité, certains en parlent, mais qui les écoute ?).

Pour lancer la conversation, placez des échantillons de vos produits dans les mains de vos porte-parole.

Le lancement des Post-it est une magnifique histoire de bouche à oreille. Au début, ce fut un échec. Les gens ne connaissaient pas ce produit, ou bien ils ne savaient pas quoi en faire. La secrétaire du PDG de 3M commença alors à coller des Post-it sur les documents envoyés aux chefs d'entreprises et elle envoya des échantillons aux secrétaires des PDG des autres grandes sociétés. Bien évidemment, les destinataires les utilisèrent, ils les partagèrent, et c'est ainsi que l'usage de ce produit se répandit (les Post-it favorisent naturellement le bouche à oreille, car leur utilisation prend généralement la forme d'un partage).

Pour lancer un bouche à oreille positif, la première des techniques, la plus facile et la plus évidente, consiste à demander aimablement.

L'idée des échantillons gratuits n'est pas nouvelle. Elle est exploitée depuis toujours. Dans le cas du bouche à oreille, il existe cependant une application spécifique de cette technique. L'objectif est de mettre les échantillons dans les mains des personnes les plus susceptibles de parler de vous. Il s'agit non pas de présenter vos produits à des clients potentiels, mais de mettre vos porte-parole potentiels en contact avec vos produits. Il s'agit de semer les graines de la conversation.

Si vous disposez d'une liste de porte-parole, vous pouvez leur envoyer quelque chose. Vous pouvez aussi constituer une réserve d'échantillons à distribuer aux visiteurs les plus bavards. Le jour où Coca-Cola a lancé le Coca-Cola Zéro, chaque salarié du groupe est rentré chez lui avec une mallette remplie d'échantillons. De nombreux échantillons gratuits suscitent de nombreuses conversations.

Le tout est de savoir qui sont vos porte-parole. Ceux qui constituent des réseaux sont généralement attirés par des événements publics comme les concerts et les compétitions sportives. Il y a aussi les bars et autres endroits où les gens se retrouvent. Ce peut être aussi bien un rassemblement de masse qu'une rencontre d'ampleur limitée mais décisive dans un contexte professionnel.

Les foires commerciales sont particulièrement indiquées pour toucher des gens qui parleront de vous. Vos échantillons n'ont pas besoin d'être liés au thème de l'événement : il suffit que ce soient des objets que les gens emporteront chez eux et montreront à leurs amis.

Tylenol (médicament vendu en Amérique du Nord) sponsorise des compétitions de skate-board. Les dirigeants de cette société ont compris que les participants à ce genre d'événements étaient des jeunes gens qui formaient des réseaux sociaux et entre lesquels les échanges étaient importants. Or, ces jeunes gens ont besoin d'analgésiques. Ils sont aussi très résistants à la publicité et ils ne s'en laisseraient sans doute pas conter. Tylenol a donc choisi une stratégie très intelligente : subventionner ces compétitions, mais sans imposer la présence d'emblèmes ou de logos. Tylenol se contente de fournir gratuitement des analgésiques et de laisser l'information se propager naturellement. La société sait qu'elle a trouvé les bons ambassadeurs, et ces derniers savent qui paie. La gratitude fait son chemin par le bouche à oreille.

Le pouvoir des gadgets

Ne sous-estimez jamais le pouvoir des gadgets : chapeaux, polos, sacs, jouets, tout objet portant le logo de votre société.

Il serait difficile de trouver quelqu'un qui accepterait, même moyennant finance, de devenir un homme-sandwich. Et cependant, nombreux sont ceux qui ne rechigneront pas à afficher votre logo tous les jours, sur leur casquette ou sur leur chemise.

Pour ceux qui s'identifient à votre marque ou qui aiment vos produits, arborer votre logo est une façon de vous soutenir. Ce n'est pas toujours intentionnel. Pour ma part, j'ai utilisé pendant un an un sac arborant le logo de PayPal. C'était un joli sac. Je ne me sers pas souvent de PayPal, et cependant, j'ai affiché le logo de PayPal à chaque conférence que j'ai donnée. Des centaines de personnes l'ont eu sous les yeux.

Tout ce qui porte votre logo devient une source de bouche à oreille dès que c'est une personne en chair et en os qui l'a sur elle. Un tel objet suscite des questions et des conversations.

C'est précisément parce qu'il ne s'agit pas de publicité payante, mais d'une forme d'expression individuelle, que le message est authentique et crédible. Ce n'est plus vraiment une publicité, c'est plutôt une recommandation.

N'hésitez pas à distribuer des objets gratuits.

De quoi susciter une conversation

Trouvez des choses simples pour susciter le bouche à oreille. Nombreux sont ceux qui n'auront pas spontanément l'idée de lancer la conversation sur vous, mais qui chanteront vos louanges dès que quelqu'un mentionnera votre nom. Faites donc en sorte qu'on mentionne votre nom ou votre produit.

Depuis dix ans, à chaque fois qu'on me donne une carte de visite, je colle mon logo au verso, j'utilise une machine à plastifier pour en faire une étiquette de bagage et je renvoie cette étiquette à la personne en question. Je parierais qu'au moins 5 000 personnes ont maintenant mon logo sur leur mallette ou sur leur valise. Ainsi, quand ces gens se rencontrent, ils parlent de ma société. Cela fait un abondant bouche à oreille.

Une association recrutait de nouveaux membres. Or, être membre d'une association ne fait pas partie des sujets qui surgissent dans les conversations de tous les jours. Cette association a donc fait fabriquer des figurines à tête branlante, et ses membres ont été tout heureux de recevoir ce petit jouet amusant. À partir de ce jour, dès que quelqu'un remarquait la figurine sur le bureau de son collègue, une conversation commençait. C'est ainsi que le bouche à oreille a fait grimper le nombre d'adhérents.

Une publicité partageable

Votre publicité est un excellent sujet de bouche à oreille, mais il est difficile d'envoyer à un ami un spot télévisé. Si vous diffusez une publicité payante, quelle qu'elle soit, ne manquez pas de lancer aussi un bouche à oreille. Sur votre site Internet, publiez une version au format PDF de votre page publicitaire. Publiez vos spots télévisés sur YouTube. Mettez des fichiers audio sur votre blog.

Si vous avez déjà payé une campagne publicitaire, permettez à vos supporters de la partager gratuitement.

Les blogs

Dans le contexte du bouche à oreille, les blogs ont une grande importance, car ils permettent de prolonger et d'accélérer la conversation. Le lancement d'un blog suppose un engagement sur le long terme, mais ne représente aucune difficulté. Le jeu en vaut la chandelle.

Cette section n'est pas consacrée à l'art d'utiliser les blogs. Beaucoup d'autres livres traitent de ce sujet. Ce qui nous intéresse ici, c'est la façon dont les blogs engendrent du bouche à oreille.

Les blogs rendent les messages transmissibles

Les blogs, ce sont des liens, du partage et des contacts.

Parlez d'un sujet sur un blog, et il peut tout de suite faire l'objet d'un bouche à oreille. Chaque article d'un blog s'accompagne d'instructions pour le mettre en lien et pour le transmettre sous forme d'e-mail, et ceux qui le font sont souvent complimentés.

C'est pour cela que les blogs connaissent un tel succès. Un texte publié sur un blog est recopié sur d'autres blogs, et des liens permettent aux visiteurs de naviguer d'un blog à l'autre. Ainsi, tout ce que vous écrivez devient un message viral dès le moment où vous le publiez. En outre, les entrées de blogs sont nettement mises en évidence par les moteurs de recherche.

Les blogs sont sources de nouveaux sujets

Votre société a probablement beaucoup à dire et beaucoup à partager. Cependant, vous ne pouvez pas publier chaque jour un nouvel article dans la presse.

Le blog est l'outil qui vous permet de diffuser de nouvelles idées et des informations. Il est conçu pour les mises à jour fréquentes et les petits correctifs : c'est presque comme si vous aviez votre propre fil de presse. Le blog est le meilleur moyen d'alimenter vos porte-parole en nouveaux sujets et en nouvelles idées. Tout ce que vous y publiez fournit au public un nouveau sujet de conversation.

Les blogs sont un espace dans lequel la conversation peut naître

Les parleurs ont besoin d'interlocuteurs, et les blogs sont le lieu propice à la conversation. Un blog rassemble les gens, il permet d'établir un lien avec des conversations similaires sur d'autres blogs et il accueille ceux qui ont quelque chose à exprimer. Le blog engendre la masse critique qui donne aux conversations une autre dimension.

Il suffit de regarder les commentaires sur un blog. Chacune de ces petites interventions est le fait d'un individu qui a éprouvé le besoin d'exprimer son opinion. C'est le blog qui rend cela possible et qui permet le partage d'une conversation avec d'autres lecteurs.

C'est en « bloguant » qu'on devient crédible

Entre blogueurs, on se respecte. Vous ne pouvez pas apparaître et vous attendre à ce que tout le monde parle de vous, pas plus que vous ne pouvez vous pointer à une soirée en espérant être au centre de l'attention. Il faut le mériter.

Lancez-vous dès maintenant, ouvrez un blog et suivez ceux qui comptent dans votre domaine, pour avoir le temps de nouer des liens et d'acquérir une certaine crédibilité qui vous sera nécessaire par la suite. Il s'agit pour vous de compter pour quelque chose et de faire partie de la conversation. Ainsi, quand vous serez prêt pour des échanges sur les blogs, vous serez perçu comme un membre de la communauté plutôt que comme un commerçant sans scrupule cherchant à se faire de la publicité.

Les communautés virtuelles et les médias sociaux

Les communautés virtuelles, les forums et les réseaux sociaux sont les meilleurs foyers du bouche à oreille. C'est là que sont lancées à tout moment des discussions concernant les produits et les services, et c'est là qu'elles restent visibles. Ce sont des instruments efficaces avec lesquels vous devez apprendre à travailler.

Peu importe ce que vous vendez, quelqu'un aura sans doute déjà créé une communauté virtuelle liée à votre activité. Ces forums sont actifs et très ciblés, et il arrive qu'ils ciblent spécifiquement votre activité.

Un jour, en cherchant sur Internet des cadres pour photos, j'ai trouvé plusieurs dizaines de boutiques qui vendaient à peu près la même chose. Cependant, pour prendre ma décision, il m'a suffi de jeter un coup d'œil à des commentaires de photographes qui parlaient de la fiabilité des expéditions d'une des boutiques. Ce bouche à oreille provenant d'un professionnel que je ne connaissais pas m'a inspiré confiance, et j'ai trouvé cette indication-là où aucun adepte du marketing traditionnel n'aurait rien vu d'intéressant.

Vos clients font les mêmes recherches à votre sujet.

Créez votre propre communauté

Créer une communauté ou un forum pour vos fans ne vous prendra que quelques minutes, et vous pouvez le faire sur le site d'un tiers aussi bien que sur le vôtre. Choisissez le site sur lequel vos porte-parole pourront participer le plus facilement.

Vous pouvez vous servir d'un logiciel gratuit, disponible sur Internet, pour ajouter un forum sur votre site ou pour créer un groupe virtuel ou un réseau social, et vous pouvez utiliser un des nombreux sites Internet hébergeurs de communautés virtuelles (qui sont souvent gratuits).

Vous créerez ainsi en un instant un foyer pour vos porte-parole. Dès que ce sera fait, vous verrez apparaître toutes sortes de participants. Leur bouche à oreille sera archivé et suscitera des discussions futures.

Nous avons vu ce qu'avaient fait LEGO et Intuit. La méthode est tout aussi efficace pour les petites entreprises. Musictoyz.com est une boutique virtuelle pour les amateurs de guitare électrique. Cette entreprise unipersonnelle n'aurait jamais eu les moyens de recourir à une campagne de publicité traditionnelle, mais son forum en ligne est le meilleur endroit pour discuter de guitares électriques et d'accessoires. La dernière fois que je me suis rendu sur ce site, il y avait 4 000 utilisateurs enregistrés, 65 visiteurs en ligne et plus de 250 000 messages publiés. Tout cela est le résultat des conversations de bouche à oreille. Les moteurs de recherche dirigent droit vers ce site les acheteurs potentiels.

Faites des sites de réseaux sociaux des outils de bouche à oreille

Aucun outil de bouche à oreille n'est plus adapté pour vendre et pour toucher du monde que les médias sociaux. Vous ne pouvez pas espérer mieux que de voir votre produit devenir un sujet de conversation sur ces plates-formes. Il s'agit simplement de s'y introduire et, naturellement, de le faire en respectant une éthique. Soyez très attentif aux règles du chapitre I relatives à l'honnêteté.

Ces sites sont d'excellentes sources de bouche à oreille. La conversation de tous les jours sur les produits et les services y a déjà migré pour une bonne part, et elle y bénéficie de liens et d'éléments qui la stimulent. Ce secteur est devenu trop important pour pouvoir encore être ignoré.

Vous n'avez pas besoin d'être la première entreprise à participer à une nouvelle communauté virtuelle. Beaucoup de gens se précipitent vers la nouveauté, mais vous n'avez pas à vous en soucier. Attendez d'être sûr que le site en question est approprié et que vos clients vont bien le visiter. Suivez vos clients sur de nouveaux sites, plutôt que d'espérer que ce soient eux qui vous suivent.

Heureusement, la participation est ouverte, facile et gratuite. Voici comment commencer.

Créez des profils et des pages

Sur tous les sites sociaux, vous pouvez créer votre propre compte avec vos propres pages, vos propres identités et vos propres sujets de conversation. Choisissez un site visité par vos clients. Dès que vous aurez votre page, vos fans et vos amis pourront créer des liens. Dès qu'il y a des participants, la conversation s'installe.

Chaque site a son propre public et son propre style de communication, et chacun diffuse un bouche à oreille vers un public différent. Découvrez comment chaque site fonctionne, puis participez.

Archiduchesse, un spécialiste de la chaussette en France, est un bel exemple de marque construite entièrement à partir du bouche à oreille généré sur Facebook. Le créateur de l'entreprise applique un modèle participatif, allant même jusqu'à informer sur son blog ses lecteurs de l'évolution de son chiffre d'affaires mois après mois.

Familiarisez-vous avec les médias sociaux

Les connexions et les liens vers les sites sociaux sont souvent automatisés. Si vous créez vos pages comme il convient, elles seront incluses dans le processus de liaison. La plupart des sites exploitent ce que l'on appelle les tags, des chaînes de mots qui identifient vos pages. Sachez vous en servir, car c'est ce qui vous permettra de relier en un instant vos pages à une conversation (c'est un outil important, mais trop compliqué à expliquer dans ce livre : faites une petite recherche, c'est une bonne opportunité de créer gratuitement un bouche à oreille).

Demandez à vos porte-parole de se relier à vous

Vous pouvez être sûr qu'un nombre significatif de vos porte-parole sont déjà en train de participer à ces communautés virtuelles et à ces réseaux sociaux. C'est même probablement là qu'ils parlent de vous. Ne restez pas les bras croisés à espérer qu'on fera attention à vous. Votre succès sur ces sites dépend du nombre de connexions que vous obtenez. Par conséquent, manifestez-vous auprès de vos porte-parole, dites-leur que vous êtes là et demandez-leur de connecter leurs pages aux vôtres ou de rejoindre vos groupes. Dans ma société, nous avons créé un groupe sur Facebook pour le bouche à oreille et au bout de deux semaines, nous avions déjà un millier de membres.

L'exclusivité, les secrets et les surprises

L'exclusivité et la participation sont des moyens efficaces de produire du bouche à oreille et de transformer des gens moyennement intéressés en supporters passionnés.

Quand vous impliquez les gens de telle sorte qu'ils s'approprient votre produit, cela se traduit directement chez eux par un désir d'en parler. Les groupies, par exemple, sont des gens qui veulent tout simplement éprouver la sensation d'être une star du rock. Cherchez ce qui pourrait donner à vos porte-parole le sentiment d'être uniques, de bénéficier d'une exclusivité et de passer de bons moments.

Le défi lancé par Pepsi, cela vous dit quelque chose ? La société PepsiCo a organisé une dégustation à l'aveugle de Pepsi-Cola et de Coca-Cola, sa rivale. 58,8 % des participants ont sélectionné Pepsi comme la meilleure des deux boissons. Les fans de Coca-Cola qui avaient choisi Pepsi étaient surpris, les buveurs de Pepsi se rengorgeaient et le bouche à oreille allait bon train à propos de Pepsi.

Faites-en quelque chose d'exclusif

Au fond de nous-mêmes, nous aimons tous avoir le sentiment que nous sommes quelqu'un de spécial. C'est une forte motivation pour les conversations de bouche à oreille. Les gens sont souvent plus enclins à parler d'un produit lorsqu'ils jouissent d'une certaine forme d'exclusivité ou d'un statut d'initié.

C'est là une des raisons pour lesquelles les campagnes de bouche à oreille dont il a été question précédemment sont si efficaces. Quand vous décernez à quelqu'un le titre d'ambassadeur, de VIP ou de membre d'un club, vous lui donnez un moyen de sentir qu'il n'est pas n'importe qui. En outre, cette personne renforcera son statut chaque fois qu'elle parlera de votre produit autour d'elle.

La méthode est efficace avec n'importe quel type de statut. C'est par le bouche à oreille que Google a lancé son service de messagerie gratuite Gmail. La compagnie a présenté comme un privilège le droit d'utiliser ce produit, en ne permettant l'ouverture d'un compte que dans le cadre d'un parrainage. Il fallait d'abord recevoir une invitation d'un ami : ainsi, on se sent quelqu'un de spécial ! Une fois inscrit, on obtenait un nombre limité d'invitations à envoyer à ses amis. Ainsi, on se sent important ! Durant plus de deux ans, il n'était pas possible de s'inscrire sans être recommandé par quelqu'un. Quel bon moyen de créer une exclusivité !

Gardez cela secret

Il est dans la nature humaine de vouloir être dans la confidence. Exploitez cette tendance pour encourager le bouche à oreille.

Au lieu d'annoncer à vos porte-parole ce dont vous voulez qu'ils parlent autour d'eux, cachez-le-leur. Obligez-les à faire l'effort de le découvrir. Ce sera comme un jeu de piste, et l'enthousiasme de la découverte sera un bon sujet de conversation. Ils voudront mettre dans le secret tous les membres de leur entourage.

Un restaurateur pourra proposer un plat spécial réservé aux initiés. Il suffira que le serveur en fasse mention en catimini devant chaque client. À coup sûr, chaque client brûlera de le découvrir et parlera ensuite autour de lui du secret qu'il aura découvert. Certains restaurants donnent à leurs clients réguliers un numéro de téléphone privé leur permettant d'effectuer une réservation à n'importe quel moment.

Un commerçant pourra proposer un produit ou un accessoire qui échappe à la vue du visiteur moyen. Il pourra s'agir d'un emballage cadeau spécial, d'un parfum unique ou d'un service de livraison. Laissez le bruit se répandre que vous réservez ce quelque chose de spécial à ceux qui vous le demandent.

Les vendeurs de jeux vidéo et de DVD utilisent cette technique depuis longtemps. Ces « œufs de Pâques » (une fonction cachée au sein d'un programme – animation, jeu, message…) ne sont accessibles qu'à celui qui connaît le code secret. Les lieux qui réservent ces surprises à certains de leurs visiteurs font l'objet de nombreuses conversations sur les forums électroniques. C'est un bon moyen d'inciter les gens à parler encore et encore de vos produits.

Proposez une avant-première

Tout le monde aime s'improviser critique de cinéma et être invité à une première ou à une avant-première. Nous aimons avoir la primeur, parce que cela nous permet de nous valoriser auprès de nos amis.

L'avant-première est l'une des techniques de marketing du bouche à oreille les plus fiables. Le désir d'en profiter est directement lié au désir de parler de ce que l'on vient de découvrir avant les autres.

Considérez vos porte-parole comme une équipe d'éclaireurs. Donnez-leur toujours un avant-goût de la nouveauté que vous préparez. Ils vous le rendront en en parlant à tout le monde autour d'eux et en créant ainsi une demande avant même que le produit soit disponible.

Offrez-leur un aperçu pour entretenir leur curiosité et fournissez-leur suffisamment d'informations pour qu'ils puissent briller auprès de leurs interlocuteurs. Faites simple. Créez une liste de diffusion pour proposer vos futures offres aux initiés.

Un détaillant pourra proposer des heures de visite réservées aux initiés la veille de la commercialisation des produits auprès du grand public. Un restaurateur pourra organiser une soirée en avant-première pour faire découvrir sa nouvelle carte ou son nouveau chef cuisinier. Un concessionnaire automobile pourra inviter ses porte-parole à venir essayer les nouveaux modèles avant même que leur arrivée soit annoncée. Un éditeur de logiciels pourra faire parvenir une version bêta à chaque personne active sur son forum.

Certaines sociétés de téléphonie mobile envoient maintenant des nouveaux modèles, non pas seulement aux grandes revues d'électronique, mais aussi à des centaines de blogueurs. Cela représente un changement radical. Auparavant, les nouveaux modèles étaient top secret et les fabricants poursuivaient en justice quiconque divulguait leur design. Désormais, les fuites sont un élément de marketing du bouche à oreille (vous aussi, envoyez à vos fans des versions à tester).

Permettez à vos fans de participer à l'élaboration du produit

En général, ceux qui ont la possibilité de découvrir un prototype ont envie d'en parler autour d'eux. Faites-les participer aux dernières finitions, ils se sentiront concernés par le succès du produit et ils auront le sentiment d'avoir le privilège de faire partie de l'équipe.

Jusqu'à l'été 2011, tandis que Google développait plusieurs dizaines de nouveaux produits, vous aviez la possibilité de vous amuser avec n'importe lequel de ces produits sur Google Labs. Tout le monde pouvait essayer un produit en cours de développement, suggérer des améliorations ou des compléments et en discuter sur un forum. Ce système était la garantie que toutes sortes de gens auraient vent des nouveaux produits, se sentiraient concernés et seraient prêts à en parler au moment de leur lancement.

L'industrie du logiciel a mis en place autour des bêta-tests de grands programmes de bouche à oreille. À l'origine, les bêta-tests servaient à faire déboguer les produits par de véritables utilisateurs. De nos jours, les programmes sont si élaborés que le bouche à oreille a pris autant d'importance. Des millions de gens ont testé les versions 2007 de Windows et de Microsoft Office. Chacun de ces testeurs est maintenant un initié et se soucie du succès de la plate-forme. Il est rare que l'on critique un produit dont on a participé à l'élaboration ou à la mise au point.

Les témoignages et les critiques des consommateurs

Si le bouche à oreille est si efficace, c'est en raison de la crédibilité naturelle des recommandations faites par des personnes qui n'ont pas d'intérêt financier en jeu. Ce sont ces « gens comme nous » qui nous intéressent et que nous écoutons.

Les recommandations, les témoignages et les lettres de remerciement de ces personnes réelles sont d'excellentes choses, mais qui sont souvent invisibles pour les clients potentiels. Une information que vous recevez par courrier privé ne sera pas connue d'autrui.

Quand vous avez un porte-parole et un nouveau sujet, il vous faut de quoi porter votre nouvelle recommandation à la connaissance d'un nouveau lecteur.

Mettez en avant les témoignages favorables

Il est agréable de recevoir des témoignages favorables, mais ces derniers ont bien davantage d'impact quand vous les gérez vous-même de façon active. Ne vous contentez pas de les accumuler sur un coin de table. Faites-en un outil pour entretenir le bouche à oreille. La méthode est simple :

1. *Demandez à vos clients de vous livrer leurs impressions.* La plupart seront ravis de le faire, mais ils n'en auront pas l'idée spontanément. Il n'y a aucun inconvénient à leur demander s'ils peuvent vous recommander. Sur votre site Internet, permettez aussi à vos visiteurs de vous faire part de leurs commentaires. Si vos clients ne savent pas très bien quoi dire, n'hésitez pas à les guider par des suggestions. Attention simplement à ne pas demander à un client d'exprimer autre chose que ce qu'il ressent vraiment.

2. *Demandez la permission de partager.* Avant d'exploiter les témoignages et les impressions positives de vos clients dans votre campagne de marketing, ne manquez pas de solliciter leur autorisation. Dans le cas contraire, vous risqueriez de vous retrouver dans une situation embarrassante. Un accord écrit est parfois nécessaire pour pouvoir prouver que vous avez le droit de mentionner le nom de la personne ou de la société concernée. Vous n'avez pas besoin d'un contrat en bonne et due forme, mais d'une confirmation écrite explicite. La solution la plus simple consiste à ajouter une case à cocher à votre formulaire en ligne. Quand vous recevez un compliment ou un e-mail flatteur, n'hésitez pas à répondre à son auteur en lui demandant l'autorisation de le reproduire. Il m'arrive souvent d'envoyer un mot dans ce genre : « Merci pour ces paroles aimables. Puis-je vous citer dans une publicité ? »
3. *Publiez tout cela sur votre site Internet.* C'est le mieux à faire ! Montrez bien toutes ces belles recommandations, tout ce bouche à oreille là où tout le monde pourra le voir.
4. *Reliez cela aux avis positifs déjà publiés en ligne.* Une fois que vous avez une page remplie de bouche à oreille positif, faites une recherche sur Internet et créez des liens vers les nombreux blogs que vous trouverez. Pour tout ce qui est déjà publié, vous n'avez pas besoin de demander une autorisation.

Travaillez avec des sites publiant des avis de clients

Bien évidemment, partout où l'on parle de vos produits, vous souhaitez qu'il y ait des avis positifs. Il vous faut aussi obtenir un grand nombre d'avis.

Ceux qui passent en revue les critiques d'un de vos produits veulent savoir deux choses : d'une part, si les critiques sont bonnes, et d'autre part, si beaucoup d'acheteurs se sont donné la peine d'émettre un avis.

Les chiffres sont parlants. Le nombre d'avis est un indicateur de l'intérêt que suscite votre produit. Pour qu'il y ait une conversation à exploiter, il faut des avis, positifs ou négatifs. Si personne n'émet d'avis, c'est le signe que votre produit n'est pas intéressant. La clientèle préférera alors se tourner vers d'autres produits.

Dans certains cas, vous devrez demander aux gens de s'exprimer. Sinon, vous pouvez faire comme eBay et d'autres : intégrer dans le processus de transaction une demande d'appréciation. Quand vous expédiez un colis, pourquoi ne pas y glisser une petite fiche ? Quand vous envoyez un reçu par e-mail, mettez-y des liens vers les sites qui publient des avis sur vos produits.

Surtout, pas d'avis trafiqués, inventés ou publiés par vos soins sous un faux nom. Restez toujours honnête.

Exploitez le bouche à oreille passif

Qu'est-ce qu'une liste de best-sellers, sinon une forme passive de bouche à oreille ?

Tous ces classements constituent des recommandations implicites. Ils reflètent l'avis global de milliers d'acheteurs, et c'est bien d'une forme de bouche à oreille qu'il s'agit même si ces derniers n'en ont pas eu conscience. Il existe d'autres exemples, comme la rubrique du site d'Amazon « Les clients qui ont acheté ce produit ont aussi acheté… ». Ce sont là encore les recommandations implicites des acheteurs. Sur iTunes, vous pouvez voir les listes de chansons des autres internautes. Personnellement, j'ai une préférence pour la liste des « Histoires les plus souvent envoyées par e-mail » que publient certains sites de journaux. Cela vous donne directement une idée claire de ce que les gens recommandent.

Quand vous informez vos clients que « les autres achètent tel produit », vous faites de ces recommandations passives un bouche à oreille utile. Quand vous publiez une liste de best-sellers, vous donnez aux acheteurs un aperçu de ce que les gens recommandent le plus souvent et vous les incitez à se fier à ces recommandations.

Publiez ces listes sur votre site Internet. Sur la plupart des sites d'achat, il existe déjà des modules comme « Articles les plus demandés » et « Les autres visiteurs ont déjà acheté… ». Si vous n'êtes pas sur Internet, vous pouvez afficher sur votre devanture une liste d'articles « du jour » ou une liste d'articles « préférés ».

Ne faites rien de compliqué. Dans les librairies et les magasins de DVD, le rayon « Nos préférés » représente le bouche à oreille du personnel du magasin. Il vous suffit d'ajouter un rayon consacré aux préférences de vos clients.

Le bouche à oreille en B to B (d'une entreprise à une autre)

La première question qu'on me pose à la fin de mes conférences est généralement celle-ci : « Et dans tout ça, qu'est-ce qui fonctionne aussi entre les entreprises ? »

Tout. Au niveau interentreprises, c'est exactement la même chose.

En effet, ce n'est pas une question de produit mais de personnes. Les motivations des gens qui discutent des produits vendus par les entreprises aux consommateurs sont les mêmes que celles des gens qui recommandent un produit destiné à des entreprises.

Vos porte-parole ne sont pas les mêmes, les sujets changent et vous recourez à des techniques différentes, mais tout se résume toujours aux mêmes règles fondamentales : trouver des gens qui parleront de vous autour d'eux, faire qu'ils aient quelque chose à dire et faciliter la conversation. Pour réussir, il suffit d'appliquer les 5 T.

Il existe certes quelques différences (mais qui ne sont pas de nature à changer le processus) :

- Les programmes de bouche à oreille entre les entreprises sont souvent plus élaborés, le programme de recommandation est systématique et des salariés sont chargés de présenter les clients actuels aux nouveaux clients.
- Les clients sont plus disposés à participer, sachant qu'ils entretiennent souvent une relation plus étroite (ou même un partenariat) avec votre société.
- Souvent, les commerciaux sont plus fortement impliqués, ils doivent coordonner le processus de liaison entre les clients actuels et les prospects.

Vous le pratiquez déjà

En réalité, le marketing du bouche à oreille en B to B est généralement pratiqué depuis longtemps, mais il était auparavant occulté. Avez-vous déjà pris l'une des habitudes suivantes ?

- Demander des témoignages de satisfaction.
- Demander à des clients de vous recommander.
- Utiliser des études de cas.
- Publier des résultats d'études.
- Organiser des conférences d'utilisateurs.

Quand l'objectif d'un programme de marketing est d'obtenir que des clients parlent de vous, c'est en réalité un programme de marketing du bouche à oreille. Vous obtiendrez de meilleurs résultats en regroupant toutes ces actions isolées et en les considérant comme les éléments d'une unique campagne coordonnée de marketing du bouche à oreille.

Vos clients aussi le pratiquent déjà

Voici une idée importante : vous faites partie d'une petite communauté au sein de laquelle tous ceux qui ont un rôle déterminant se connaissent. Vos clients parlent déjà de vous quand ils se rencontrent dans des foires commerciales ou dans des conférences, et ils ne cessent de se livrer à des comparaisons.

Le bouche à oreille a toujours été une chose essentielle là où les enjeux sont de taille. Personne ne dépense 100 000 euros sans s'être d'abord renseigné sur la réputation du prestataire.

Les meilleures techniques de bouche à oreille en B to B

Les meilleures techniques de marketing du bouche à oreille sont toutes relativement simples et peu onéreuses (comme le bouche à oreille en général). Réfléchissez au marketing tel que vous le pratiquez déjà, et repensez-le en vous demandant comment vous pourriez faciliter le partage.

1. *Les livres blancs et les études.* Les gens aiment bien partager des articles et des données. Ils les citent, les copient, les retransmettent à leurs collègues. Ce que vous publiez, assurez-vous que ce soit partageable. Renoncez aux formulaires compliqués que les gens doivent remplir pour pouvoir obtenir un article. Ce sont des obstacles au partage (vos commerciaux ne seront pas contents, mais l'important est de susciter un bouche à oreille plus vaste et plus productif). Mieux encore : remplacez votre document PDF par un document Word plus facile à reproduire dans les blogs et les lettres d'information.

2. *Les témoignages de satisfaction.* Demandez-en, partout. Vous devez pouvoir obtenir une impression positive de 90 % de vos clients (sauf que quelques-uns s'interdisent de l'exprimer, pour des raisons de politique d'entreprise). Publiez-les sur votre page d'accueil et sur tous vos documents promotionnels imprimés. CoffeeCup Software est allée plus loin. Sur le site Internet de cette société, les noms de 100 clients sont affichés et un formulaire vous permet de leur poser n'importe quelle question (sans filtrage de la part de la société). C'est donc du bouche à oreille et des témoignages en temps réel, et le signe de la confiance et de l'amour que cette société voue à ses fans.
3. *Les newsletters.* Leur particularité est d'être le seul type de publicité que les gens sollicitent. C'est aussi l'outil de bouche à oreille le plus simple à retransmettre. Créez une newsletter pour chacun de vos groupes de porte-parole, et placez une rubrique d'inscription sur votre page d'accueil. Les abonnés, même s'ils restent peu nombreux, seront vos ambassadeurs dévoués, à l'affût de toutes vos nouveautés.
4. *Les programmes de recommandation.* Lancez un programme formel incitant vos clients existants à propager un bouche à oreille vers de nouveaux prospects. Collectez les témoignages de satisfaction, réalisez des interviews en vidéo, rédigez des études de cas et parlez de tout cela sur votre blog. Le secret consiste à donner à vos porte-parole un sentiment d'importance. Plus ils auront l'impression d'être des stars, plus ils parleront de vous.
5. *Les rencontres.* Réunissez vos supporters de toutes les façons possibles. À chaque fois qu'ils se rencontrent et à chaque fois qu'ils rencontrent vos salariés, ils deviennent plus enthousiastes et parlent davantage. Une conférence formelle des utilisateurs n'est pas nécessaire, pas plus qu'un grand congrès annuel (mais ces solutions sont très bonnes aussi). Organisez un petit déjeuner chaque trimestre dans vos locaux. Invitez 20 clients à dîner à chaque déplacement. Mieux encore, faites que chacun de vos subordonnés invite des clients à dîner lorsqu'il est en déplacement. De cette façon, vous pourrez

rencontrer un millier de clients par an et un millier de personnes seront heureuses de parler de vous.

Les conférences et les foires commerciales

Les commerciaux passent beaucoup de temps dans des conférences et des foires commerciales, ils prennent la parole et participent à des tables rondes, mais ils manquent généralement les meilleures opportunités de faire du bouche à oreille.

Quand vous prenez la parole, faites en sorte que personne ne quitte la salle sans avoir quelque chose à partager. Avec tout le travail que vous avez accompli pour préparer votre intervention et pour impressionner votre auditoire, il serait dommage que tous ces gens repartent ensuite dans la nature sans rien échanger avec leurs contacts.

Ayez toujours avec vous des petites choses à offrir (mais jamais des articles à vendre). Pour ma part, je distribue des marque-pages, des blocs-notes et des insignes de bonhomme souriant. Je fais cela parce que ce sont de petits objets que les gens emporteront et partageront avec leurs collègues.

Mieux encore, vous pouvez faire quelque chose de surprenant. Quand je dois prendre la parole, j'apporte généralement des petites choses à grignoter pour mon public. Je fais circuler un sac de chocolats de 5 kg dans l'assistance, et personne ne m'en a encore jamais fait le reproche.

Quand vous participez à une foire commerciale, ne vous contentez pas d'un stand normal, d'un numéro bébête ou de jolis petits échantillons. Tous vos concurrents feront la même chose.

Posez-vous tout d'abord cette question : « Qu'est-ce qui ferait que les gens en parleraient ? Pour quelle raison quelqu'un amènerait-il un ami à cette foire afin de lui montrer ce que nous faisons ? » La plupart du temps, la préoccupation des exposants est de conclure une vente. Souciez-vous plutôt de ce que vous pourriez faire pour qu'on parle de vous et de vos produits.

Trouvez ensuite la réponse à la question suivante : « De retour dans leurs bureaux, de quoi parleront-ils ? » Les participants repartiront avec un sac rempli de petits cadeaux et d'autocollants, et avec un vague souvenir d'une conversation avec vous. L'important est de savoir ce qui les motivera à parler de vous autour d'eux. Plutôt que de leur offrir un cadeau tout de suite, proposez-leur de l'expédier par courrier (ainsi, cela déclenchera une conversation dans une semaine, lorsqu'ils ne seront plus distraits par cette ambiance bruyante et festive). Prenez-les en photo sur le stand en compagnie d'une célébrité, et envoyez-leur la photo par e-mail dans la semaine. Pour les inciter à faire circuler cette photo, publiez-la sur un site Internet sous forme de carte électronique, de telle sorte qu'ils puissent l'envoyer à leurs amis.

8
Comment prendre part à la conversation

Votre job : participer à la conversation

La plupart d'entre nous avons pas l'habitude de nous parler à nous-mêmes. Nous ne trouverions pas cela très intéressant. Pour tenir une conversation, il nous faut un interlocuteur.

Le bouche à oreille est un dialogue. Quelqu'un dit quelque chose vous concernant et vous répondez. Si vous ne répondez pas, il n'y aura généralement pas de suite. Votre tâche est de participer à la conversation, de lui donner vie. Comme vous le savez maintenant, des gens parlent de vous. Ne préféreriez-vous pas que ce soit avec vous ?

C'est si facile que vous seriez fou d'y renoncer. Quiconque est intéressé dans votre entreprise peut commencer dès maintenant à écouter, à répondre, ou simplement à suivre la conversation.

Pour les entrepreneurs traditionnels, et surtout pour ceux qui aiment essentiellement les tableaux de chiffres, la démarche n'est pas toujours facile.

Le marketing consiste fondamentalement à lancer une idée en espérant provoquer ainsi un retour. La plupart du temps, les services de marketing ne sont pas organisés de manière à recevoir les retours de la clientèle ni à engager la conversation avec elle. La tâche en incombe généralement aux services clientèle, qui communiquent avec les clients par téléphone et qui s'efforcent, en principe, de les satisfaire. Or, un service clientèle ne se soucie généralement pas de réussir de nouvelles ventes. Malheureusement, le plus souvent, le souci majeur des membres de ces services est de se débarrasser le plus vite possible de la personne en ligne. Si vous voulez que le bouche à oreille soit efficace pour vous, il faut que votre service de marketing et votre service clientèle apprennent à travailler ensemble.

Le bouche à oreille est autant affaire de service à la clientèle qu'affaire de marketing.

Si vous voulez un bouche à oreille positif, il faut que vous y participiez. Il faut que vous soyez prêt à dialoguer avec quiconque aura envie de parler, quel que soit le sujet qui intéressera votre interlocuteur.

Pour beaucoup de cadres dirigeants formés aux relations publiques, ce genre de participation est difficile en raison d'un manque de contrôle inhérent de la situation. Il s'agit d'apprendre à répondre et à participer au lieu d'essayer de planifier et d'initier. Il ne s'agit plus de gérer la conversation et de contrôler ce que disent les autres, mais de laisser vos propres mots faire leur effet. Il s'agit aussi de s'attirer le respect des autres (mais pas nécessairement leur accord) en leur montrant que vous êtes capable de participer de la bonne manière.

Ignorer la conversation présente deux grands risques : le bouche à oreille peut s'arrêter, ou bien il peut devenir négatif. De nos jours, si vous ne dialoguez pas avec vos clients quand ils parlent de vous, le risque est grand que le bouche à oreille vous desserve.

Au contraire, plus vous encouragez le bouche à oreille et plus vous y participez, plus il y aura du bouche à oreille. L'avantage est que cela deviendra une discussion enthousiaste et utile avec des milliers d'interlocuteurs qui vous apporteront de la clientèle sans qu'il ne vous en coûte.

C'est une décision facile. Lancez-vous !

Comment participer à la conversation

Ne l'oubliez pas, les gens auront envie que vous participiez tant que vous le ferez comme un participant normal, et non comme représentant d'une compagnie. C'est la raison pour laquelle les gens écrivent ce qu'ils pensent sur des pages Internet publiques et réclament de nouveaux commentaires. Ils ont envie d'avoir de vos nouvelles.

Trouvez la conversation

Tous les jours, les gens écrivent d'innombrables messages, commentaires et e-mails représentant une grande quantité de bouche à oreille à propos des entreprises et de leurs produits. Une petite partie de tout cela, nous l'espérons, vous est consacrée.

Comme je l'ai suggéré précédemment, il serait bon qu'un membre de votre équipe cherche tous les matins sur Internet les mentions qui concernent chacun de vos principaux produits. Intégrez cette recherche dans l'activité du service clientèle. Créez une liste de termes à rechercher : marques, noms de produits, principaux représentants, etc.

Tout d'abord, utilisez les moteurs de recherche standard pour repérer les publications sur les sites et forums les plus importants. Ensuite, utilisez les moteurs de recherche spécialisés gratuits qui examinent le contenu des blogs et des réseaux sociaux. Ainsi, quand quelque chose sera publié vous concernant, vous le saurez. Ces outils de recherche sont d'une rapidité remarquable. Souvent, ils permettent de savoir ce qui a été publié dans les secondes qui suivent la publication. Ces sites vous permettront aussi de programmer une notification en temps réel pour être alerté quand un nouvel élément contenant vos mots clés est publié.

Concernant les conversations réelles, il importe d'être aux aguets. Vous ne serez probablement pas là au moment où le plus grand nombre de personnes parleront de vous, et suivre le bouche à oreille en différé est une occupation plus passive. Soyez réceptif et réactif. Quand des clients téléphonent, soyez attentif. Chaque fois que vous êtes susceptible de tomber sur une conversation vous concernant, soyez alerte.

Réagissez et répondez

Réagissez et répondez chaque fois que vous en avez la possibilité. Rendez-vous disponible pour parler directement à vos clients, dès que ceux-ci désirent vous joindre.

Une seule chose est à éviter : ne jamais participer. En réalité, vous n'avez pas le choix. Vous devez participer si vous voulez avoir une chance d'exercer une influence sur la conversation.

Vos idées et vos remarques sont les bienvenues, tant qu'elles sont pertinentes et de bon goût. Si les blogueurs ne souhaitaient pas obtenir de retour, ils tiendraient plutôt des journaux intimes qu'ils fourreraient sous leur lit.

Remerciez ceux qui disent du bien de vous

Quand vous lisez un commentaire positif sur un blog ou sur un forum, remerciez son auteur en y publiant un mot aimable. Dites-lui que vous avez apprécié. Encouragez-le. Vous serez étonné de constater l'effet de ce genre de petites attentions sur le bouche à oreille.

Vous en tirerez beaucoup de profit. Celui qui aura écrit du bien de vous aura plus de chances de devenir un parleur actif. Les autres remarqueront que vous êtes quelqu'un d'aimable, et ce sera pour eux un sujet de conversation. Sur la plupart des sites Internet, vos commentaires seront automatiquement assortis d'un lien vers votre site, et cela vous amènera davantage de visiteurs. Mieux encore, les gens continueront de parler de vous en bien s'ils éprouvent de l'affection pour vous et pour votre entreprise ou votre activité.

Résolvez les problèmes et rendez les gens heureux

Souciez-vous de ceux qui ont un problème ou une doléance. Présentez des excuses. Trouvez une solution ou, au minimum, proposez d'en rechercher une.

Ces gens ont une raison de se plaindre publiquement : ils veulent obtenir votre attention.

Agissez comme il se doit, et les gens en tomberont de leurs chaises. Il est si rare de voir une entreprise bien traiter ses clients, que tout effort visible par le public devient en un instant un sujet de bouche à oreille.

Si quelqu'un se plaint, publiez un message comme celui-ci : « Bonjour, je suis Andy, de la société XYZ. En lisant votre blog/

votre message, j'ai été surpris d'apprendre que vous ne parveniez pas à obtenir que votre .... soit réparé. Essayez ceci : .... Ou bien envoyez-moi un e-mail, et je vous mettrai en relation avec la bonne personne. »

En procédant ainsi, non seulement vous rendrez ce parleur heureux, mais tous les visiteurs de ce site salueront votre attitude. Bien sûr, il ne faut pas faire ces choses extraordinaires uniquement dans la partie virtuelle de votre activité.

Tout le monde peut commettre une erreur. C'est de la façon dont vous gérerez l'erreur que dépendra la teneur du bouche à oreille.

Participez tout simplement

Le mieux que vous puissiez faire ? Rester une personne ordinaire et contribuer au débat de façon positive.

Tous les jours, des gens parlent entre eux de sujets liés à ce que vous vendez. C'est pour eux une source d'attention et d'intérêt. Avec la connaissance que vous avez du sujet, tout le monde sera ravi de vous voir participer à la conversation.

Les gens parlent de vous. N'aimeriez-vous pas mieux qu'ils parlent avec vous ?

Mon père commercialise un accessoire appelé TieYak. C'est un système de câblage très subtil pour attacher un kayak (c'est plus difficile que ce que vous pourriez imaginer). C'est une petite entreprise, il ne peut pas faire de grosses dépenses de publicité, mais il dispose d'une arme secrète : il s'y connaît très bien en kayaks.

Il existe une vingtaine de forums virtuels consacrés au kayak. Chaque fois que mon père publie un article, un conseil utile ou simplement un petit message de salutation, un lien vers le site TieYak est accessible en cliquant sur son nom d'utilisateur. Il n'a pas besoin de parler de son produit, car les gens sont capables tout seuls de comprendre de quoi il s'agit. Ses intelligentes contributions au débat lui valent le respect et relancent un bouche à oreille positif concernant son produit.

ÉTUDE DE CAS

Levenger – n'importe qui peut le faire

Levenger vend des stylos, des blocs-notes et des agendas. Ce producteur dispose d'un nombre impressionnant de porte-parole et bénéficie d'un abondant bouche à oreille.

Ryan Rasmussen, lorsqu'il travaillait comme spécialiste des médias pour cette société, se connectait tous les jours pour voir qui parlait de Levenger sur Internet. Il répondait aux questions, il conseillait les gens sur l'utilisation des produits et il publiait de temps à autre sur YouTube une petite vidéo de démonstration.

Il cherchait aussi qui parlait de stylos à plume ou d'agendas, sachant que les gens qui s'intéressent à ce genre d'articles aiment généralement les produits Levenger. Les ayant trouvés, il publiait des commentaires sur les forums, ajoutait une suggestion ou partageait un lien utile. Il lui arrivait d'expédier à quelqu'un un échantillon gratuit.

Savez-vous ce qui est arrivé ? Les gens ont commencé à parler de Levenger. Ils ont apprécié l'attention que cette société leur témoignait et le fait qu'un de ses salariés ait pris l'initiative de participer à la conversation. À présent, il est fait mention de Levenger dans des milliers de discussions et de pages Internet.

Le plus remarquable est que Ryan était en réalité responsable du département Levenger dans un magasin Macy's à Chicago. Il ne faisait pas partie d'un service de marketing ou de relations publiques. Il était étudiant en art, mais il avait la qualité la plus essentielle pour le marketing du bouche à oreille : une passion pour le produit et le désir de la partager.

Trouvez votre Ryan. Il y a quelqu'un dans votre entreprise qui ne demanderait pas mieux que de faire cela pour vous.

Les bons participants

Qui doit participer ? Peu importe qui !

Pour le marketing du bouche à oreille, une équipe n'est pas nécessaire. Toute personne qui aime surfer sur Internet, qui se passionne pour votre activité et qui a le temps de s'y consacrer fera l'affaire. Ne soyez pas non plus à cheval sur le rang hiérarchique. Le marketing du bouche à oreille est une excellente manière de faire participer les jeunes recrues tout en leur offrant la possibilité de devenir des stars. Je connais un grand nombre de cadres qui ont recouru avec succès à des techniques de bouche à oreille pour attirer l'attention et obtenir une promotion.

Donnez à vos salariés du service clientèle l'accès à Internet, afin qu'ils puissent faire des recherches en ligne et identifier les problèmes éventuels. Dites à votre assistante d'aller visiter les blogs et les forums sur lesquels on parle de votre activité. Donnez à chacun la possibilité de participer au bouche à oreille. Les clubs de gymnastique, par exemple, devraient inciter tous leurs clients à promouvoir la compagnie sur des blogs et à devenir des conseillers de clientèle en ligne. En effet, ce sont des gens qui partagent le même style de vie et les mêmes centres d'intérêt que les internautes susceptibles de relayer l'information. Un certain nombre d'entre eux écrivent sans doute déjà sur des blogs.

Savez-vous qui, parmi vos employés, fréquente des blogs ? La plupart de vos collaborateurs mettent à jour régulièrement leur page personnelle sur les réseaux sociaux, et ils sont sans doute un certain nombre à tenir ou à fréquenter des blogs. Si c'est pour vous quelque chose de nouveau, n'oubliez pas que beaucoup de gens, à leur domicile, se consacrent tous les jours à cette activité.

Qui doit s'intéresser aux blogs ?

Un indice : ce ne sont ni les membres de votre service de relations publiques, ni les commerciaux.

Votre meilleur blogueur, parmi vos salariés, c'est celui qui fait preuve d'enthousiasme pour votre entreprise et ses produits, et qui présente une véritable affinité avec le sujet. C'est celui qui porte une chemise au logo de la société même pendant le week-end.

La participation ne doit jamais être une obligation : elle doit être motivée par le désir d'entretenir un bouche à oreille positif et par la conscience que le bouche à oreille positif débouche sur l'action. Quiconque désire participer doit pouvoir le faire, mais personne ne doit s'y sentir obligé.

Les blogueurs actuels ne demandent qu'à participer à un dialogue ouvert et honnête et à être dans la confidence. Ils pourront parler de vous autour d'eux si vous vous consacrez sérieusement à ce genre d'échange.

La crédibilité de votre blog repose sur l'honnêteté, sur la passion et sur le franc-parler. C'est le blog qui permet à votre société de présenter un visage humain. Maintenez les beaux parleurs du marketing et les juristes à distance du blog de votre entreprise. Hormis eux, toute personne capable de s'exprimer honnêtement et normalement doit pouvoir participer si elle le désire.

C'est moins risqué que vous ne le pensez

Quel est le pire qui puisse se produire ? Un propos inapproprié, une gaffe stupide, la divulgation d'un secret ?

Ce sont des risques qui existent de toute façon. Vos salariés ont le téléphone et échangent des e-mails. La participation aux conversations sur Internet n'accroît pas les risques, c'est simplement que la conversation ne se fait plus sur les mêmes canaux.

En cas de problème, supprimez simplement ce qui n'aurait pas dû apparaître, excusez-vous et passez à autre chose.

Des orientations et des garde-fous

Pour les juristes et pour les cadres habitués au marketing traditionnel, ce type de communication libre est embarrassant. Il est assez difficile de renoncer à exercer un contrôle sur les messages qui circulent, de laisser le champ libre aux subordonnés et de les affranchir de la surveillance qu'implique un marketing formel.

Prenez donc exemple sur Intuit : mettez en place des orientations et des garde-fous. Offrez une formation à tous les salariés qui souhaitent participer aux conversations extérieures. Enseignez à vos collaborateurs les règles à suivre et délivrez-leur l'instruction dont ils ont besoin, surtout en matière d'éthique. Mettez en place des garde-fous pour éviter les pratiques interdites.

Ensuite, il vous suffit de laisser faire.

Si Microsoft peut agir ainsi, n'importe qui d'autre le peut également. Cette compagnie auparavant très laconique et très contrôlée a opté pour l'ouverture et a encouragé des milliers de salariés à intervenir sur les blogs, sans supervision ni contrôle de la part de la direction. Chaque blog est rempli de commentaires du public qui ne sont pas filtrés. Cette approche a permis à Microsoft de progresser de façon remarquable en termes de réputation, de confiance du consommateur et de bouche à oreille. En effet, la compagnie a montré ainsi qu'elle faisait confiance à ses équipes et au public et qu'elle leur permettait de s'exprimer librement.

Si vous voulez du bouche à oreille, il va falloir que vous participiez !

Pour commencer

Servez-vous de la fiche de travail ci-dessous pour prévoir la façon dont vous allez suivre les discussions et intervenir. Cela vous aidera à gérer le processus. Déterminez quelles discussions méritent votre attention, et décidez qui sera responsable des réponses et du suivi.

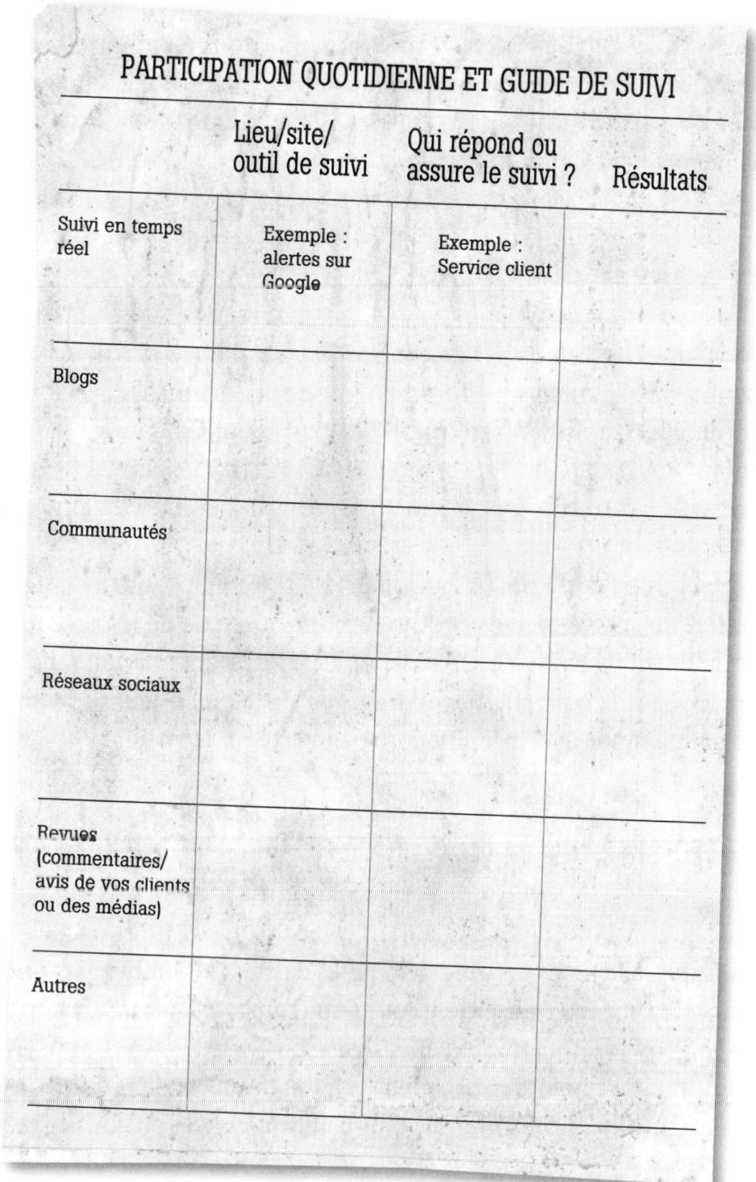

PARTICIPATION QUOTIDIENNE ET GUIDE DE SUIVI

	Lieu/site/ outil de suivi	Qui répond ou assure le suivi ?	Résultats
Suivi en temps réel	Exemple : alertes sur Google	Exemple : Service client	
Blogs			
Communautés			
Réseaux sociaux			
Revues (commentaires/ avis de vos clients ou des médias)			
Autres			

Téléchargez cette fiche sur le site Zenbusiness.fr.

Les bonnes manières

J'ai beaucoup insisté sur l'importance de l'honnêteté et de l'éthique. C'est en participant que vous risquez le plus de commettre une erreur.

Les bonnes manières et un peu de bon sens vous éviteront les problèmes. Si vous avez l'impression que vous en manquez ces derniers temps, faites machine arrière. Vous n'auriez aucune bonne raison de poursuivre (mais beaucoup de mauvaises raisons).

N'essayez pas de vendre

Participer ne veut pas dire vendre. Il n'est pas pertinent de présenter un argumentaire commercial sur un forum de discussion, ni dans un commentaire publié sur un blog. Cela ne vaut pas mieux que le spam. Les gens détestent cela. À coup sûr, vous mettriez votre entreprise dans une situation embarrassante.

L'objectif de cette participation est de faire que l'on continue à parler de vous et de vos produits. Il ne s'agit pas de les promouvoir. Tenez-vous-en à la discussion. Échangez des connaissances, enrichissez la conversation et faites en sorte que chacun se sente apprécié et ait le sentiment d'être quelqu'un de spécial.

Respectez les règles

Que ce soit autour des étals d'un marché ou sur un forum électronique, il existe toujours des règles claires. N'oubliez pas que vous êtes sur le terrain de quelqu'un d'autre et que vous y êtes en tant qu'invité. Où que vous soyez, respectez les règles. Il ne s'agit pas de semer des prospectus à tout vent, ni de publier des commentaires hors sujet, ni de promouvoir vos produits avec insistance. Il s'agit d'apparaître comme un bon citoyen respectueux des communautés au sein desquelles la discussion a lieu.

Si cela peut sembler restrictif, ce n'est qu'une apparence. Imaginons que sur un forum de jardiniers, un vendeur de tondeuses à gazon enfreigne les règles et publie un texte vantant ses produits et expliquant qu'ils sont meilleurs que ceux de la concurrence. Il se fera probablement exclure du forum. Les autres participants le considéreront comme un imbécile. Le bouche à oreille ne lui sera pas favorable du tout.

Ce que ce vendeur pourrait plutôt faire, c'est répondre aux questions posées par les jardiniers en quête de conseils sur le choix d'une machine ou d'un ustensile. Sa contribution sera appréciée. Sa bonne disposition à partager son savoir ou son expérience et son objectivité inspireront le respect. Par ailleurs, les participants seront capables, d'eux-mêmes, de localiser son magasin. C'est ainsi qu'on obtient un bouche à oreille favorable.

Dites qui vous êtes : les 10 mots magiques

Pour dégoûter les gens, rien de tel que de tenter de vous faire passer pour ce que vous n'êtes pas. Ne pensez pas une minute que si vous vous présentez sous l'identité d'un simple consommateur, les gens ne se rendront compte de rien. Comme nous l'avons vu précédemment, ce genre de méthode ne peut aboutir qu'à une situation très embarrassante.

Jouez toujours cartes sur table. Publier vos commentaires sous votre vrai nom ne suffit pas. Dites pour qui vous travaillez et ne cachez pas que vous avez quelque chose à gagner à participer à la conversation.

La meilleure forme de transparence est aussi la plus facile : les 10 mots magiques. Commencez tous vos commentaires par : « Je travaille pour ...., mais j'exprime ici mon opinion personnelle. » Ainsi, non seulement vous jouez franc-jeu, mais en précisant que vous n'exprimez pas la position officielle de votre entreprise, vous la protégez aussi. Elle n'aura pas besoin de se préoccuper de tout ce que l'un de ses salariés pourra écrire.

Dissimuler quelque chose ne présente aucun intérêt. Faire connaître votre lien avec l'entreprise en question ne diminue pas votre crédibilité, bien au contraire. Il en est de même de votre honnêteté.

La transparence dans le bouche à oreille : une liste de points importants

Servez-vous de la liste de contrôle suivante pour veiller à ce que votre participation à la conversation sur Internet soit honnête et transparente. Faites bien comprendre à tous vos salariés, ainsi qu'à vos filiales et à vos sous-traitants, que ces règles sont valables pour eux également. Ces bonnes pratiques sont adaptées des directives relatives à la transparence publiées par SocialMedia.org, que je dirige. Pour en savoir plus, vous pouvez consulter la page www.socialmedia.org/disclosure (une version française est disponible sous format PDF dans la rubrique « Downloads and Translations »).

Quand je communique sur les médias sociaux pour le compte de mon entreprise ou sur des sujets liés à l'activité de mon entreprise, je dois :

- ❑ dès ma première intervention, préciser qui je suis, pour qui je travaille, et tout autre lien à mentionner ;
- ❑ si je communique pour le compte d'un tiers, le faire savoir;
- ❑ fournir un moyen de communiquer avec moi ;
- ❑ demander aux blogueurs de respecter une règle de transparence concernant leurs relations et leur communication avec moi ;

- ❑ toujours être honnête, et ne jamais demander à quiconque d'écrire pour mon compte quelque chose de trompeur ;
- ❑ ne jamais demander à une personne d'écrire un faux message de recommandation ou une chose à laquelle elle-même ne croirait pas ;
- ❑ ne jamais profiter de commentaires sur un autre sujet dans un but autopromotionnel ;
- ❑ ne jamais rien faire qui soit contraire aux restrictions, termes et conditions spécifiques ou au règlement définis par chaque site Internet ;
- ❑ m'abstenir d'utiliser des services ou des technologies de publication de contenu en masse ;
- ❑ respecter toutes les lois et tous les règlements relatifs à la divulgation d'identité.

Sur mes comptes personnels de médias sociaux, je dois :

- ❑ faire apparaître clairement mon appartenance professionnelle si ce que j'écris sur une page ou dans un commentaire a un rapport avec l'activité de mon employeur (un écrit ne mentionnant pas un sujet en rapport avec mon travail n'implique pas la mention de la relation de travail) ;
- ❑ indiquer avec précision quels articles ou commentaires reflètent mes opinions personnelles et lesquels reflètent la position officielle de mon entreprise ;
- ❑ si je fréquente ou si je tiens un blog de façon anonyme, m'abstenir de traiter des questions liées à l'activité de mon employeur ; pour des sujets en rapport avec mon employeur, je ferai connaître mon appartenance à l'entreprise en question.

Le pouvoir de rendre les gens heureux

Prenez votre surligneur. Ce que vous allez lire maintenant est particulièrement important.

Commençons par une règle essentielle en matière de bouche à oreille. Chaque fois qu'un client satisfait fait part de sa satisfaction à une personne :

- un client mécontent fait part de son mécontentement à cinq personnes ;
- un client qui était mécontent mais que l'on a su satisfaire fait part de sa satisfaction à dix personnes.

Réfléchissez-y une minute. En termes de marketing du bouche à oreille, trouver le moyen de contenter un client insatisfait vaut dix fois mieux que le satisfaire dès le début. C'est sans doute en raison des mauvaises pratiques actuelles dans le domaine du service à la clientèle que les gens sont si surpris quand on les traite correctement et s'empressent de raconter l'événement autour d'eux. Toujours est-il que c'est pour vous une magnifique opportunité.

Résoudre les problèmes est ce que vous pouvez faire de plus productif en termes de marketing.

Lorsqu'un client insatisfait de votre entreprise ou de vos produits a la surprise de constater que vous vous souciez réellement de ses problèmes, non seulement il cesse tout de suite de vous critiquer, mais il devient un véritable ambassadeur pour vous. Désormais, il n'aura de cesse de vanter votre entreprise.

Incitez vos collaborateurs à satisfaire ces clients, à les rendre heureux.

Prenez exemple sur la chaîne hôtelière Ritz-Carlton, qui permet à chacun de ses salariés de consacrer à tout moment jusqu'à 2 000 dollars à satisfaire un client. Voilà des dirigeants qui ont compris que la satisfaction immédiate du client est profitable sur le long terme et qu'un geste inhabituel se traduit immédiatement par du bouche à oreille positif.

Pourriez-vous imaginer un autre emploi des ressources financières ou humaines qui serait aussi payant en termes de publicité gratuite ou de gain de clientèle ?

Bob Parsons, président du bureau d'enregistrement de noms de domaines GoDaddy.com, a su remarquablement bien sauver la situation. Lui et sa société avaient été pris à partie par des blogueurs, sachant qu'ils comptaient dépenser 2,4 millions de dollars pour un spot publicitaire qui serait diffusé pendant le Super Bowl 2005. Un spécialiste en marketing, John Moore, écrivit sur un blog que c'était une mauvaise idée. Dans les vingt-quatre heures, les commentaires de Moore furent repris par d'autres blogs et suscitèrent des réponses, la plupart du temps très négatives vis-à-vis de la société.

Les gens veulent que vous participiez, tant que vous le faites comme une personne normale et non comme un porte-parole officiel.

Plutôt que d'ignorer ce déchaînement virtuel, Parsons décida de l'affronter. Il réagit le lendemain, remercia les internautes d'avoir exprimé leurs préoccupations et leur expliqua les raisons qu'il avait de lancer cette campagne publicitaire. Il fit valoir que sa société n'était pas endettée du tout, qu'elle était l'unique investisseur, que les dépenses pour cette campagne n'entraîneraient aucune diminution des ressources servant à financer le développement des produits, et enfin, qu'en tant que fondateur, il tenait vraiment à agir ainsi même si c'était stupide. Dans les mois qui suivirent, Parsons maintint sa position et continua de répondre aux commentaires et aux sollicitations.

Les gens ont vraiment été impressionnés par son honnêteté et par sa volonté de participer. Cela a suscité des centaines de commentaires, positifs le plus souvent. Il est très intéressant de suivre le débat et de voir comment une petite contribution sincère et dénuée d'arrière-pensée peut faire cesser les attaques et engendrer des manifestations publiques de soutien.

ÉTUDE DE CAS

DELL, OU L'INTÉRÊT D'INTERVENIR RAPIDEMENT DANS LA DISCUSSION

Les risques que l'on prend en ne participant pas deviennent visibles quand on réfléchit à la réaction de la société Dell (ou plus exactement à son absence de réaction) en 2005, quand Jeff Jarvis, un blogueur réputé, avait dénoncé sa mauvaise politique de service à la clientèle. Jarvis avait publié des critiques relativement modérées, et Dell n'a rien répondu. La situation s'est alors envenimée, les blogueurs devenant de plus en plus nombreux à prendre le train en marche et à ajouter des commentaires négatifs. Les rares réactions du service de relations publiques de Dell semblaient un peu décalées par rapport à la gravité de la situation. Les blogueurs ont continué leurs attaques. Quand Dell a finalement réagi, sa crédibilité était déjà bien entamée. Des milliers de commentaires négatifs restent visibles un peu partout sur Internet.

La compagnie est intervenue trop tard. Il lui en a coûté, et elle n'a sans doute pas fini d'en payer le prix, sachant qu'elle a sûrement perdu des clients.

Ayant été l'une des premières sociétés à être sanctionnées pour ne pas avoir écouté le bouche à oreille, Dell est devenue aussi l'une des premières sociétés à apprendre la bonne méthode. Dell est maintenant connue pour son initiative innovante consistant à trouver de nouvelles façons de participer et d'entrer en contact avec ceux qui s'expriment à son sujet. Cela lui a permis de se faire respecter davantage.

→

- La compagnie intervient sur les blogs avec une vraie voix humaine, ce qui lui donne l'image d'une entreprise accessible et ouverte. Elle s'y exprime en anglais, en espagnol, en chinois, en japonais et en norvégien. Pourquoi en norvégien ? Parce que c'est ce qu'a voulu faire un salarié talentueux.
- Les 35 « ambassadeurs communautaires » de Dell passent leurs journées sur Internet à dialoguer, à partager et à résoudre les problèmes. Ils sont sur le terrain et consacrent leurs efforts à susciter la confiance et à trouver de nouveaux amis pour la compagnie. Ce programme est d'autant plus payant qu'il permet à Dell de traiter et de résoudre rapidement les problèmes que rencontrent ses clients.
- Dell a nommé un « vice-président de communauté » pour mieux mener cette politique à haut niveau et à long terme.
- La société Dell dialogue avec ses clients chaque fois que ceux-ci la sollicitent. L'équipe mise en place par Dell se consacre à toute nouvelle communauté ou technologie pour laquelle les clients manifestent un intérêt particulier.
- Sur le site IdeaStorm.com de Dell, chacun peut formuler des suggestions, les commenter et voter pour celles qu'il préfère. Près de 10 000 idées ont déjà été soumises, et plus de 650 000 personnes ont voté. Cela montre combien les gens aiment et soutiennent cette compagnie, simplement parce que celle-ci s'intéresse à leur avis.

Tous les projets de ce genre ont pour point de départ un simple site Internet, un peu de temps consacré à la clientèle et une bonne écoute. C'est à la portée de tout le monde.

Comment gérer un bouche à oreille négatif ?

Des gens diront du mal de vous. C'est même déjà ce qui se produit.

Que faire ? Le pire serait de ne rien faire.

Si un bouche à oreille négatif vous pose un problème, ce problème ne disparaîtra pas de lui-même. Les gens continueront à parler, des assertions négatives se propageront et cela nuira durablement à votre réputation. Si vous ne vous en mêlez pas, cela ne pourra qu'empirer.

De la part des dirigeants des entreprises, l'objection que j'entends le plus souvent à propos du marketing du bouche à oreille est sans doute celle-ci : « Et si quelqu'un se met à dire du mal de nous ? » C'est la réaction anxieuse des responsables des services de marketing et juridiques qui craignent de lancer un bouche à oreille parce que celui-ci risquerait d'être négatif.

Or, vous abstenir de participer parce que vous vous souciez d'un bouche à oreille négatif, ce serait comme refuser d'aller voir le médecin parce que vous ne vous sentez pas bien.

Participer à la conversation n'entraîne pas un retour négatif. Cela vous donne le moyen de gérer le bouche à oreille.

La solution face à un bouche à oreille négatif, c'est davantage de marketing du bouche à oreille. Tout ce que vous devez faire pour gérer un bouche à oreille négatif, c'est souvent ce que vous devriez déjà faire pour susciter un bouche à oreille positif : sortir de vos quatre murs, participer au débat et vous faire de nouveaux amis.

Un bouche à oreille négatif est une formidable opportunité. N'oubliez pas que le plus formidable bouche à oreille positif est celui que vous pouvez obtenir des critiques qui deviennent vos fans. Résoudre les problèmes des gens est de loin le meilleur moyen de les rallier à votre cause et d'en faire des supporters fidèles qui parleront de vous autour d'eux.

Il n'est pas nécessaire d'avoir toujours raison

Vous ne pouvez pas obtenir un bouche à oreille positif à 100 % (et ce n'est pas nécessaire).

Beaucoup de gens tiendront des propos négatifs. Dans certains cas, ces critiques seront justifiées, dans d'autres cas elles ne le seront pas. On ne peut pas toujours gagner. Il n'est pas possible d'avoir raison de ceux qui se plaignent toujours, sans compter ceux qui ont d'excellentes raisons d'être mécontents.

Ce n'est pas un réel problème, du moins dans la mesure où ceux qui émettent des avis positifs sont nettement plus nombreux. Au bout du compte, c'est le débat dans son ensemble qui importe. Il s'agit pour vous de tout tenter pour que ce que l'on dit de vous soit généralement positif et de faire de votre mieux pour répondre aux critiques et encourager vos supporters.

N'essayez pas d'avoir toujours raison (vous n'y parviendriez pas). N'essayez pas de répondre à toutes les critiques (c'est impossible). Ne faites pas cas de la moindre critique (alors que cela n'a pas d'importance). D'ailleurs, des commentaires qui ne seraient que positifs, ce serait louche et personne n'y croirait.

Montrez simplement que vous faites votre possible pour progresser.

Il est plus important d'être réactif que d'avoir raison.

4 moyens de défense

1. Affirmez votre crédibilité avant d'en avoir besoin

Supposons que vous vous aperceviez qu'un certain nombre de blogueurs attaquent vos produits. Avec votre service de relations publiques, vous serez sans doute tenté d'intervenir et de publier une réponse impeccablement argumentée.

Ce serait vain. En effet, vous donneriez l'image d'une équipe de relations publiques essayant sans pudeur de vendre sa soupe et ne sachant que publier des réponses bien rédigées.

Personne ne sait qui vous êtes et vous ne participez pas à la discussion. Personne n'a donc la moindre raison de prendre votre parti face à des critiques qui participent à des débats depuis longtemps.

Faites comme Norm, le présentateur de l'émission *Cheers* (où tout le monde sait qui vous êtes). Si vous voulez avoir une chance de réussir à contrer un bouche à oreille négatif, soyez un participant régulier, une personnalité connue, un visage familier.

Si vous savez vous y prendre, tous ces gens vous poseront des questions et formuleront des suggestions au lieu de vous attaquer. Vous vous ferez des amis qui vous écouteront et qui vous défendront.

2. Amenez les critiques sur votre territoire

Les endroits où les gens se plaignent sont souvent plus importants que la teneur de leurs plaintes. La plupart du temps, les entreprises s'inquiètent des commentaires négatifs publiés sur leurs propres sites. Elles ont tort. Il vaut toujours mieux que les critiques soient visibles sur votre propre site ou sur vos propres blogs :

- C'est là que vos supporters sont présents. Quelques commentaires critiques se fondront dans la masse des échanges entre vos clients satisfaits.
- Il est plus facile d'y répondre sur votre propre site que de partir à la chasse aux commentaires négatifs publiés sur plusieurs centaines de sites.
- Vos réponses positives apparaîtront juste à côté ou au-dessous des critiques correspondantes, si bien que le lecteur aura une perception globale du problème (c'est mieux que de tenter de répondre sur un site à une critique formulée sur un autre site).

- Si les gens mécontents n'ont pas la possibilité de s'exprimer sur votre site, ils iront très probablement s'exprimer ailleurs. À vous de leur ménager un espace pour faire baisser la pression.

3. Laissez vos fans s'en occuper

Le meilleur moyen de gérer un bouche à oreille négatif consiste parfois à demander à vos supporters de réagir à votre place.

Si vous appliquez comme il convient les autres techniques présentées dans ce livre, vos porte-parole ne demandent pas mieux que de collaborer et vous disposez d'un moyen de communiquer avec eux. Dites-leur que vous avez besoin de leur aide sur tel ou tel forum, ou concernant tel ou tel sujet. Ils répondront. Il est même probable qu'ils y soient déjà et qu'ils aient déjà entrepris de vous défendre (veillez simplement à ce que votre appel à l'aide ne risque pas de passer pour une contre-attaque organisée).

Vos supporters ne tarderont pas à se mobiliser pour vous, sans même que vous ayez besoin de le leur demander.

Si ce sont vos supporters qui vous défendent, cette défense sera toujours plus crédible que si ce sont vos équipes qui s'en chargent.

4. Ne vous laissez jamais prendre au dépourvu

Sur Internet, les conversations apparaissent très vite et il s'agit de répondre sur le moment. Quand des internautes parlent de vous, vous ne pouvez pas exercer un impact déterminant sur la discussion si vous n'êtes pas présent dès le début. Si vous ne vous pointez que le lendemain, la conversation sera probablement épuisée et vous aurez laissé passer votre chance de l'influencer. Si vous trouvez une critique ou une plainte datant de plusieurs semaines, le mal est fait et il est sans doute trop tard pour faire de ce mécontent un client heureux.

Comment répondre à un bouche à oreille négatif ?

Dans pratiquement tous les cas, il importe de réagir en cas de bouche à oreille négatif. Il existe quelques exceptions :

- un blog ou un forum vraiment marginal, sur lequel une réponse ne ferait qu'attirer l'attention ou donner de la crédibilité à quelque chose que pratiquement personne n'avait relevé ;
- une attaque outrancière, grossière ou démente au point que le lecteur ne puisse que conclure que son auteur a un grave problème ;
- un détracteur identifié qui ne cherche qu'à vous provoquer afin de pouvoir vous attaquer encore davantage.

Une stratégie de base pour répondre

1. *Répondez calmement en proposant votre aide.* Publiez une réponse simple et raisonnable. Présentez vos excuses et proposez de résoudre le problème. Répondez aux questions, mettez fin à une éventuelle confusion, montrez à vos interlocuteurs comment ils peuvent obtenir davantage de réponses. Offrez aux critiques un moyen d'entrer en contact avec vous.
2. *Ne luttez pas.* Vous perdriez toujours. Vous êtes sur le terrain de vos interlocuteurs, c'est leur site, fréquenté par des internautes acquis à leur cause et ce sont eux qui auraient le dernier mot. Il s'agit de répondre en émettant des vibrations positives et en montrant que vous avez le sens de l'humour. Il vous suffit de donner l'image d'une personne aimable et attentive. Ne laissez personne (pas même votre supérieur) répondre dans la colère.
3. *Soyez humain.* Ne répondez pas dans le style parfait et stéréotypé d'un service de relations publiques. Répondez comme une personne ordinaire qui signe de son vrai nom. Il est

tellement facile de lever le ton quand on s'adresse à une entité anonyme. Au contraire, tout change quand vous publiez un message comme : « Bonjour, je suis Jenny et je suis désolée pour ce problème... » Le critique se sent alors mal à l'aise, car il se rend compte que c'est contre Jenny qu'il s'énervait. Presque dans l'instant, la colère disparaît, et bien souvent votre interlocuteur vous présente ses excuses.

4. *Écrivez pour que cela reste.* À bien des égards, ce n'est pas tant pour ceux qui vous ont critiqué que vous écrivez, que pour les lecteurs futurs. Votre souci est de faire savoir à tout le monde que vous vous êtes donné la peine de cerner le problème et de tenter de le résoudre. Il faut que tout le monde sache que vous avez fait le nécessaire.
5. *Assurez un suivi.* N'oubliez pas qu'il y a toujours des lecteurs, par conséquent vous devez suivre l'évolution de la situation et aller au bout de vos promesses. Une visite épisodique ne saurait suffire. Revenez régulièrement pour vérifier que les gens sont satisfaits.
6. *Distinguez-vous.* De temps à autre, faites un geste surprenant à l'égard de vos critiques. Remplacez un produit par une version plus récente. Envoyez des fleurs ou une lettre manuscrite. Faites un cadeau. Présentez publiquement des excuses (ou des remerciements) sur votre blog. Invitez vos interlocuteurs à rencontrer vos équipes. Vous vous ferez des amis pour la vie (et ils diront autour d'eux que vous êtes quelqu'un d'épatant).

Les cinglés, les faux critiques et les concurrents féroces

Tôt ou tard, vous aurez affaire à un ennemi. Vous serez attaqué, vous proposerez une solution, mais cet ennemi continuera de chercher à vous nuire. Il se peut qu'un jour, un concurrent se serve de fausses identités pour vous provoquer.

Il existe des gens furieux, mesquins, malhonnêtes ou complètement déments.

Ce n'est pas vraiment un problème. L'important est de ne pas être comme eux.

N'oubliez pas que de façon générale, les gens sont intelligents. En lisant ces commentaires injustes qui vous préoccupent, les gens comprendront de quoi il retourne. Ils prendront la mesure de la situation.

Publiez une réponse simple et rationnelle, et n'y revenez plus (c'est difficile, vraiment très difficile, mais c'est ainsi qu'il faut procéder). Sachez encaisser les coups et faire preuve d'humour. Canalisez votre frustration dans une direction positive : faites en sorte que davantage de supporters publient davantage d'avis positifs, qui submergeront les quelques avis négatifs.

Encore un conseil : si l'attaque est publiée sur d'autres sites que les vôtres, les administrateurs de ces sites pourront peut-être intervenir en votre faveur. Si vous lisez des propos manifestement inappropriés, demandez qu'ils soient supprimés. Les administrateurs de ces sites, tout autant que vous-même, préfèrent que les critiques et les discussions soient justes et loyales. Ne leur demandez pas la suppression d'un commentaire négatif légitime, mais vous pourrez compter sur eux le plus souvent pour supprimer les propos déplacés, abusifs ou publiés par un concurrent sous un faux nom.

Les blogs se présentent à l'envers

Quand vous répondez à un bouche à oreille négatif sur Internet, il est important de ne pas oublier que sur les blogs, les articles apparaissent en sens inverse de leur chronologie. Ce que les lecteurs verront en premier, ce sera le plus souvent la fin de la discussion.

C'est donc le dernier mot qui compte le plus. Nous ne lisons pas le contenu des blogs dans le sens dans lequel il est écrit et archivé. Si vous parvenez à résoudre de la meilleure manière un problème ayant suscité nombre de critiques acerbes à votre encontre, et si les blogueurs finissent par être satisfaits, c'est le reflet de cette situation qui apparaîtra sur la première page du blog.

Dans les résultats de recherche sur Internet, ce sont les pages les plus récentes qui sont proposées en premier. Il en résulte que la conversation actuelle est bien plus visible que les échanges d'il y a seulement quelques jours. Une fois que vous êtes intervenu pour résoudre un problème, le résultat positif est la première chose que les lecteurs peuvent voir.

Vous êtes toujours gagnant

Au bout du compte, un retour négatif bien géré est toujours une bonne chose. Si vous suivez le conseil que je vous donne dans cette section, vous aurez tous les atouts pour être gagnant :

- *L'amour.* Un critique pourra devenir l'un de vos fans et dire : « J'aime ces gars. Ils ont vu quel était mon problème, ils sont d'eux-mêmes venus me voir et ils l'ont résolu. »
- *Le respect.* Un critique pourra devenir l'un de vos fans et dire : « Ils n'ont pas pu résoudre mon problème, mais ils s'en sont souciés et ils ont fait leur possible. Pour cela, je les respecte. »
- *La vérité.* Tout le monde sait désormais que vous avez subi une attaque injuste et que vous avez réagi comme il convenait de le faire.

Vous résolvez tous les jours des problèmes rencontrés par vos clients, le plus souvent par téléphone ou par e-mail. Cependant, ce sont là des conversations privées entre le client et un membre du service clientèle. Quand vous résolvez un problème par téléphone, personne d'autre ne le sait.

Au contraire, quand vous faites cela par écrit sur Internet, c'est source de bouche à oreille. Pour vous, c'est le même effort et le même coût, mais ils sont mille fois plus nombreux à le savoir. L'impression positive de tous ces lecteurs et les économies réalisées sachant qu'ils n'auront pas besoin de vous téléphoner pour obtenir une réponse aux mêmes questions, tout cela est profitable pour vous.

Par conséquent, allez sur Internet et affrontez le bouche à oreille négatif. Commencez à répondre. Vous ferez cesser les commentaires négatifs, vous vous ferez de nouveaux amis et de nouveaux porte-parole, et vous donnerez aux gens l'envie de vous respecter.

9

Qu'est-ce que les gens disent de vous ?

Votre job : écouter le bouche à oreille et en tirer un enseignement

Quand on parle de nous, nous voulons le savoir. Désormais, c'est possible.

Vous pouvez :
- trouver qui parle de vous ;
- apprendre quels sont les sujets porteurs ;
- voir si vos techniques y sont pour quelque chose ;
- participer à la conversation.

Surtout, vous avez la possibilité de savoir qui parle de votre entreprise et de vos produits, et cela vous permet de progresser.

Les entreprises dépensent chaque année des milliards en études de marché. C'est beaucoup de dépenses pour savoir ce que les gens disent.

Le plus problématique est de faire dire aux gens ce qu'ils pensent réellement. Nous disposons de techniques pour faire parler les gens, mais les résultats sont souvent peu probants. Les groupes de consultation permettent de savoir ce que les gens pensent, mais souvent dans des limites liées à l'environnement artificiel du groupe en question. Les enquêtes statistiques fournissent une information utile, mais encore faut-il savoir poser les bonnes questions.

Seulement, tout d'un coup, il s'est passé quelque chose d'incroyable.

Des millions de gens se sont mis à écrire tout ce qui leur passait par la tête. Comme cela, pour le plaisir, voilà que les gens créent des blogs ou écrivent sur des blogs, partagent des idées ou des informations sur des forums virtuels ou publient des articles sur Internet. Et comme nous le savons, une grande partie de tous ces écrits concerne des produits ou des services.

Nous n'avons donc plus qu'à lire tout cela. Inutile de payer une société spécialisée pour nous fournir les retours dont nous avons besoin, il s'avère que ce que les gens écrivent spontanément sur Internet peut nous être aussi utile que les résultats de travaux de recherche formels. Mieux encore, ce que nous trouvons sur Internet peut être analysé et utilisé pour obtenir une projection de ce que les gens se disent en dehors d'Internet.

Le bouche à oreille, c'est plus que du marketing. C'est aussi votre meilleur outil d'étude de marché.

Les techniques avancées de mesure du bouche à oreille

Dans le domaine des études de marché, une nouvelle spécialité est apparue autour de ce phénomène, et elle consiste à mesurer le bouche à oreille. De grandes sociétés d'études de marché et des dizaines de start-up développent actuellement une remarquable science qui leur permet d'analyser avec une précision et une rapidité incroyables les conversations sur un sujet, sur une marque ou sur un produit.

Ces sociétés sont capables d'identifier les parleurs et de savoir qui ils sont, de quoi ils discutent et quels sont les sujets de conversation qui reviennent. Elles peuvent aussi examiner votre base de données de clients et déterminer lesquels de vos clients actuels devraient être vos meilleurs porte-parole, ou bien elles peuvent aller chercher de nouveaux porte-parole pour vous.

Je n'entrerai pas ici dans les détails de ces techniques avancées, mais il faut que vous sachiez qu'elles existent et qu'il est possible de s'en servir.

Plus vous deviendrez actif et plus les gens vont discuter avec vous, et non plus de vous.

Des moyens simples de savoir à tout moment ce que les gens disent

Je ne peux pas présenter dans ce livre un cours complet sur les études de marché, mais je peux traiter de quelques techniques simples qui vous permettront, moyennant un coût quasi nul, d'avoir un bon aperçu de ce que l'on dit de vous.

Comme on l'a vu, la plus grande partie du bouche à oreille n'est pas sur Internet. Cette partie-là est plus difficile à étudier et à mesurer (en général, les professionnels du marketing ne sont pas invités à écouter les conversations privées qui se déroulent dans la chambre à coucher ou dans la cuisine des particuliers).

La conversation sur Internet, en revanche, est très publique et facile à étudier.

Utilisez les techniques de recherche en ligne

Une recherche simple vous permet de trouver une quantité surprenante d'informations utiles. Non seulement vous pouvez savoir qui parle de vous et ce que l'on dit, mais cette information peut être décomposée et vous pouvez savoir d'où proviennent les auteurs, de quels sites, quels sites ils ont visités, quelles pages, à quel moment de la journée, et quelle recherche leur a permis d'atterrir sur ces pages. Il est possible également de présenter les données sous forme de graphiques.

Les moteurs de recherche vous permettent aussi de mesurer l'influence de chacun des commentateurs. En obtenant, grâce à une requête, une liste de commentaires publiés sur un blog, vous pouvez aussi savoir combien de personnes entretiennent un lien électronique avec ce blog. Davantage de liens électroniques, cela signifie davantage d'influence.

Encouragez les retours

Voulez-vous vraiment savoir ce que les gens disent ? Alors faites bien savoir que vous êtes attentif à ce qui s'écrit sur Internet, et faites en sorte qu'il soit facile de vous donner cette information. Le meilleur moyen de comprendre la conversation de bouche à oreille consiste à agir afin que tous ces gens dialoguent directement avec vous. Voici comment vous pouvez procéder :

- Sur votre site Internet, mettez un formulaire très simple et bien visible permettant aux visiteurs de s'exprimer, et répondez à ceux qui écrivent quelque chose.
- Créez un forum ou un blog sur lequel vos clients actuels et futurs pourront dialoguer avec vous et entre eux. C'est très efficace pour gagner en crédibilité dans le bouche à oreille,

dans la mesure où tout commentaire, favorable ou non, est visible du public. Vous montrez ainsi que vous n'avez rien à cacher.
- Sollicitez aussi des commentaires hors ligne. Quand vous expédiez un article ou quand un article passe en caisse, joignez-y une carte préaffranchie. Dites à vos vendeurs de rappeler aux clients que leurs commentaires sont attendus et que la maison attache de l'importance à ce qu'ils disent. Organisez une rencontre avec vos clients, destinée à leur permettre de vous faire part de leurs impressions.

Vous obtiendrez de meilleurs résultats si vous montrez votre intérêt pour l'opinion de vos clients en publiant vos questions et leurs réponses. Dans votre lettre d'information, incluez une sélection de ces commentaires. Sur votre site Internet, publiez des questions et des réponses.

Vous pouvez même créer un système pour récompenser de façon personnalisée les clients qui expriment leurs impressions. Amazon pratique cette méthode en conférant aux participants les plus actifs le titre de critiques « du Top 100 ».

Portez votre attention sur le formulaire « Informer un ami »

Votre formulaire « Informer un ami » ne sert pas seulement à alimenter le bouche à oreille.

C'est aussi un outil efficace pour assurer un suivi de la conversation. Vous savez qu'un sujet est porteur quand un certain nombre d'internautes envoient des coordonnées d'amis à partir d'une même page.

Un système de formulaire « Informer un ami » bien conçu doit vous avertir de chaque utilisation, par un rapport vous permettant de savoir quelles pages les gens consultent, à quel moment ils éprouvent l'envie d'informer un ami et à combien de destinataires ils envoient le message. Quand ils rédigent eux-mêmes les messages, c'est un excellent moyen pour vous de savoir ce qu'ils disent de vous à leurs amis.

Enfin, sans même envoyer d'e-mail aux destinataires dont les noms ont été entrés par les visiteurs sur ce formulaire (ce serait du spam), vous pourrez savoir combien de destinataires deviennent des clients.

Vous pouvez obtenir aussi une information appréciable à partir des commentaires publiés sur les blogs, sur les réseaux sociaux et sur les forums virtuels.

Mesurez la génération de buzz

Le problème quand on mesure la fréquentation des pages d'un site Internet, c'est que les pages qui sont directement liées à la page d'accueil sont plus fréquentées que les autres. Vous pouvez savoir quelles sont les pages les plus lues, mais pas lesquelles sont génératrices de bouche à oreille.

Si vous incluez un formulaire « Informer un ami » dans chaque page, cela vous permettra de mesurer un ratio intéressant, le nombre de contacts sélectionnés rapporté au nombre de visites de la page. Ce sera votre indice de génération de « buzz », qui vous indiquera quelles sont les pages qui peuvent le mieux inspirer le bouche à oreille.

Placez le maximum d'éléments sur la page d'accueil et mettez-les en valeur. Cela vous permettra de susciter davantage de recommandations et d'accroître votre chiffre d'affaires.

Soyez là et faites-le savoir

Si les gens savent que vous participez et que vous êtes attentif à leurs échanges, vous aurez bien plus d'informations à recueillir. Quand vous intervenez sur Internet, dites qui vous êtes et demandez un retour. Vous serez surpris de voir à quel point il vous est facile d'obtenir que les gens vous parlent.

C'est ce que General Motors a bien compris. Le vice-président, Bob Lutz, tient un blog, et c'est vraiment un bon blog, pas de la propagande pour General Motors. Son blog parle de voitures, car Lutz est sans conteste quelqu'un qui s'intéresse aux voitures. Son enthousiasme est visible. Le plus intéressant, ce sont les commentaires suscités par chacun de ses articles.

Les internautes qui publient des commentaires sur le blog de GM n'y vont pas de main morte. Le blog reçoit des centaines de commentaires chaque semaine, et les gens de GM y répondent avec détermination.

Les commentaires positifs sont nombreux, mais certains commentaires sont difficiles à lire pour Lutz et pour ses collaborateurs ; cependant, la valeur de ces retours authentiques, non sollicités, est incalculable. La conversation se poursuit et les participants obtiennent ainsi une quantité considérable d'informations sur GM, de même que GM récolte une quantité massive d'informations sur ce que pensent les consommateurs. L'étude des commentaires publiés sur ce blog donne des résultats tout aussi complets et tout aussi valables qu'une étude onéreuse sur des groupes de consultation.

À mesure que vous serez plus actif et plus impliqué, les gens se rendront compte que votre entreprise est à leur écoute. Ils commenceront à dialoguer avec vous au lieu de parler de vous entre eux. Une fois que cette conversation aura pris un tour favorable, les retours et le bouche à oreille seront de plus en plus nourris.

Partagez le courrier et les e-mails

Le courrier est un outil de suivi utile, sachant que les bons de commande comportent généralement des codes détaillés permettant de savoir qui a reçu chaque lettre et chaque catalogue.

De même, un bon serveur e-mail vous permettra de savoir quels messages ont été ouverts par des gens qui n'étaient pas sur votre liste initiale de destinataires. Exploitez cette information pour chercher qui passe commande parmi ces nouveaux venus. Ce sont les clients amenés par le bouche à oreille, et ceux qui leur ont transmis votre offre sont vos porte-parole.

Vous pouvez effectuer une étude de tendance sur les e-mails afin d'identifier les caractéristiques du bouche à oreille et les nouvelles opportunités. Vous envoyez des messages aux services de relations publiques, mais ce sont les responsables du marketing qui passent commande ? C'est le signe évident d'un bouche à oreille entre les deux services.

Mesurez le taux de recommandation net

Une technique de mesure élaborée et très efficace que vous pouvez utiliser vous-même est le taux de recommandation net. Cette technique est due à Fred Reichheld, qui la présente dans son livre *The Ultimate Question.* Cette technique consiste à poser une question simple et franche : « Recommanderiez-vous ce produit à un ami ? » Les réponses sont ensuite évaluées sur une échelle de dix points. La méthode est aussi efficace pour le bouche à oreille sur Internet que hors Internet.

En soustrayant le pourcentage de réponses négatives du pourcentage de réponses positives (et en écartant les réponses neutres), vous obtenez votre taux. Fondamentalement, votre réputation se mesure par une relation entre le nombre de gens qui vous respectent et le nombre de gens qui ont des griefs à votre endroit. Pour faire progresser cet indicateur, vous devez faire en sorte que moins de gens parlent de vous en mal et que davantage de gens vous recommandent.

Un meilleur taux signifie en principe un meilleur bouche à oreille et une meilleure rentabilité.

Valorisez votre bouche à oreille

La question que les dirigeants des grandes compagnies me posent le plus souvent, et de loin, est celle-ci : « Pouvez-vous attribuer une valeur spécifique au bouche à oreille ? » La réponse est oui.

Dévoilez les statistiques cachées

La première étape consiste à identifier correctement les clients amenés par le bouche à oreille.

Comme je l'ai souligné précédemment, le bouche à oreille est toujours passé inaperçu (c'est une statistique cachée) sachant que les entreprises ne savent généralement pas bien le surveiller et en prendre la mesure. Il est temps de le dévoiler et de lui accorder l'importance qu'il mérite.

Dans vos enquêtes et sur vos bons de commande, il importe d'identifier clairement le bouche à oreille. Quand vous posez la question : « Comment avez-vous entendu parler de nous ? », assurez-vous de pouvoir obtenir des réponses exploitables. Il faut qu'apparaisse un choix cohérent et clair indiquant un bouche à oreille. Vous ne pourrez pas déterminer l'impact véritable du bouche à oreille si l'on vous répond tantôt « par un ami », tantôt « par un proche », « par un collègue », « par mon médecin », « par mon avocat », « par mon plombier », « par mon coiffeur » ou « par Internet ». Arrangez votre questionnaire de manière à obtenir des réponses claires. « Par Internet » peut faire référence aussi bien à la bannière publicitaire que vous avez payée qu'à un commentaire laissé par un client heureux sur un site d'achat.

Faites de même dans vos rapports de marketing : il faut qu'il y ait là aussi une rubrique pour le bouche à oreille. En dressant la liste de vos sources de clients, veillez à ce qu'il soit correctement rendu compte du bouche à oreille parallèlement à vos autres campagnes de marketing.

Une fois que vous aurez dévoilé ces statistiques cachées, vous vous apercevrez sans doute que vous obtenez bien plus de bouche à oreille que ce que vous auriez pensé.

Calculez le retour sur investissement du bouche à oreille

Si vous connaissez le laps de temps pendant lequel quelqu'un reste votre client en moyenne, et si vous pouvez estimer le nombre de clients que vous gagnez par le bouche à oreille, alors vous pouvez valoriser vos efforts dans le domaine du marketing du bouche à oreille.

Cela peut aussi vous permettre d'estimer la valeur de vos porte-parole les plus actifs. Si vous avez identifié les meilleurs d'entre eux et si vous savez qu'en moyenne, chacun vous recommande à six personnes dont trois deviennent vos clients, vous pouvez en déduire leur valeur par rapport aux clients qui ne vous recommandent qu'à deux personnes, et ainsi de suite.

Voici d'autres moyens de mesurer les recettes du bouche à oreille.

Les ventes sur recommandation

Mesurez la valeur des ventes résultant des envois directs de courriers et d'e-mails par vos porte-parole, et vous connaîtrez la valeur de chacun en termes de bouche à oreille. Souvent, vous constaterez que parmi les personnes figurant sur votre liste, celles sur lesquelles vous ne comptiez pas trop parce qu'elles n'achètent jamais rien sont en réalité à l'origine d'un flux important de recettes, parce qu'elles transmettent vos promotions à d'autres acheteurs.

Lors d'une étude, dans un magasin de vins et spiritueux à Chicago, portant sur les recommandations, les chercheurs se sont intéressés à un client connu pour donner régulièrement son avis. Il n'avait aucun lien particulier avec le magasin, simplement il était amateur de vin et il aimait aider et conseiller les autres. Tout en faisant ses courses, il abordait les acheteurs hésitants et il les aidait dans leur choix. Les chercheurs ont noté à qui il s'adressait et quels vins les gens achetaient. Le résultat avait de quoi surprendre : sur une année, cette seule personne était à l'origine de 25 000 dollars d'achat de vins dans ce magasin.

Les indications données par les formulaires « Informer un ami »

Chaque fois qu'un internaute se sert du formulaire « Informer un ami », vous obtenez de l'information gratuitement. Attribuez à cet élément la même valeur monétaire que ce que vous auriez dépensé pour obtenir cette information par une publicité en ligne. En réalité, sa valeur est probablement supérieure, sachant qu'une recommandation par le bouche à oreille suppose la caution personnelle de quelqu'un et qu'elle devrait convaincre mieux et plus vite.

Les ventes grâce au service clientèle

En considérant le service à la clientèle non plus comme un simple poste de dépenses, mais comme un moyen de créer un bouche à oreille positif, vous vous rendrez compte que vos dépenses en service à la clientèle produisent un retour positif sur investissement.

Nous savons quel est le coût d'un mauvais service à la clientèle lorsque le pouvoir du bouche à oreille en multiplie l'impact. Il est tout aussi important de s'intéresser à l'aspect positif.

Trouvez un moyen de repérer, dans le service à la clientèle, les moments qui devraient se transformer en recommandations positives grâce au bouche à oreille (ou même qui pourraient transformer un critique en supporter dynamique qui vous amène à présent des clients). Multipliez le nombre de recommandations par le coût moyen d'acquisition d'un nouveau client. C'est votre formule pour calculer la valeur d'un bon service à la clientèle.

Faites des économies grâce à votre participation publique

Chaque fois que votre équipe résout des problèmes dans le cadre du service à la clientèle sur un site Internet public, cela se traduit par une diminution du nombre de personnes qui vous appellent pour vous poser la même question. Calculez une estimation du trafic vers ces pages, et cela vous donnera une petite idée du nombre d'appels évités et des économies qui en résultent pour vous.

Au bout du compte, ce genre d'information peut vous permettre de prendre des décisions plus judicieuses en matière d'investissement dans des programmes de marketing (et autres) pour susciter du bouche à oreille. Attribuer une valeur à quelque chose est le meilleur moyen de justifier un investissement dans la chose en question.

ET POUR FINIR...

16 techniques de marketing du bouche à oreille éprouvées, incontournables et extrêmement faciles

Bien. À présent, vous avez lu ce livre.

Maintenant, avant de tout oublier, voici ce que vous pouvez faire tout de suite, aujourd'hui même, pour lancer une campagne de bouche à oreille réussie :

1. Cherchez sur Internet des personnes qui parlent de vous.
2. Chargez quelqu'un de participer à ces conversations. Commencez aujourd'hui.
3. Créez un blog.
4. Adoptez une nouvelle règle : demandez-vous à chaque réunion « est-ce que cela mérite que les gens en parlent ? ».
5. Proposez un sujet dont les gens auront envie de parler. Faites simple.
6. À votre porte (sur votre site, par exemple), mettez un écriteau ou autre signe incitant les gens à parler de vous à quelqu'un.
7. Proposez à vos fans de s'inscrire à une newsletter privée.
8. Choisissez un moyen simple de suivre le bouche à oreille.
9. Sur chaque page de votre site Internet, mettez un formulaire « Informer un ami ».
10. Incluez une offre spéciale dans un e-mail facilement transférable.

→

11. Dans chaque colis, ajoutez un petit cadeau et un déclencheur de bouche à oreille.
12. Organisez une vente privée pour vos fans.
13. Excusez-vous pour vos erreurs et résolvez rapidement les problèmes.
14. Lancez un partenariat avec une association caritative.
15. Faites quelque chose d'inattendu.
16. Soyez aimable et sympathique.

Enfin, n'oubliez pas que vous devez faire quelque chose dont les gens parleront !

Créez votre plan d'action

Servez-vous de la fiche de la page suivante chaque fois que vous êtes sur le point de préparer une nouvelle campagne de marketing du bouche à oreille. Passez bien par les 8 étapes, et vous aurez un plan commençant par des actions faciles et peu onéreuses, et constituant un programme complet de bouche à oreille pour vous aider à définir vos premières mesures et à envisager l'ensemble de votre projet.

VOTRE PLAN D'ACTION

ÉTAPES	ACTIONS	VOTRE PLAN
1. Constituer une équipe	Qui sera responsable ? Encourager la participation	
2. Assimiler les fondamentaux du bouche à oreille	Ajouter des moyens de multiplier le bouche à oreille	
3. Rendre tout transmissible	Rendre tout document partageable Extérioriser le contenu	
4. Commencer à écouter	Recherches quotidiennes Recherche des acteurs clés	
5. Commencer à parler	Participer Nommer un responsable de service à la clientèle en ligne Utiliser les blogs Créer des comptes sur les médias sociaux	
6. Essayer de nombreuses petites choses	Un projet de bouche à oreille chaque semaine	
7. Approfondir	Étudier les fondamentaux Donnez-vous matière à parler de vous ? Philosophie du bouche à oreille dans toute l'entreprise	
8. S'amuser	Commencer à lancer des coups de marketing de bouche à oreille Des raisons de parler !	

Vous pouvez télécharger d'autres exemplaires à partir du site Zenbusiness.fr.

Faites le choix d'être bon

Le marketing du bouche à oreille consiste à être bon envers les gens.

Les gens parleront de vous quand ils aimeront votre entreprise, vos produits et votre activité. Le bouche à oreille dont ils seront les initiateurs sera bien plus efficace que toutes les campagnes de publicité du monde. C'est une chose merveilleuse de s'apercevoir que les gens satisfaits contribuent au développement de votre entreprise.

Au bout du compte, il est bien plus agréable d'aller travailler tous les jours dans une entreprise respectée, honnête, originale et qui traite bien les gens.

C'est aussi un excellent moyen de prospérer.

C'est à votre portée.

POSTFACE DE GUY KAWASAKI

10 sur 10 !

J'ai tout simplement adoré ce livre (il est si proche du style Macintosh qu'en le lisant, je me sentais dans mon élément). Je n'avais jamais écrit de postface jusqu'à présent, mais comme c'est Seth lui-même qui a rédigé la préface, il ne me restait plus que cette possibilité.

Voici les 10 éléments (idées, histoires et recommandations) que j'ai le plus aimés dans ce livre :

1. Les entreprises doivent employer un chargé de service à la clientèle pour surfer sur Internet à la recherche de louanges et de plaintes. Si celui-ci trouve un commentaire élogieux, il doit remercier l'auteur, et s'il trouve une critique, il doit résoudre le problème.
2. La Commerce Bank avait installé dans ses succursales un changeur de monnaie dont tout le monde pouvait se servir gratuitement. Un coup dur pour les services qui retiennent 7 % de frais.
3. Une étude a montré que les gens qui entendaient parler d'une mauvaise expérience d'achat étaient moins susceptibles de retourner faire un achat dans le magasin en question que la personne ayant elle-même eu cette mauvaise expérience.
4. Les meilleurs agents du bouche à oreille sont souvent les clients qui n'ont fait à ce jour qu'un seul achat chez vous. Ce sont eux les plus enthousiasmés, tandis que ceux qui ont l'habitude sont sans doute moins attentifs aux qualités rares du produit ou du service.

5. Le réseau Prostate Net a contacté 50 000 coiffeurs pour leur demander de parler à leurs clients du dépistage et de la prévention du cancer de la prostate.
6. Les incitations et les récompenses sont susceptibles de restreindre la publicité par le bouche à oreille, en en rendant la motivation suspecte. La publicité par le bouche à oreille, cela ne peut pas s'acheter.
7. L'hôtel Wynn Las Vegas a offert des nuitées aux chauffeurs de taxis pour susciter une publicité par le bouche à oreille à travers cet élément très influent de l'infrastructure des transports.
8. Un fabricant de rubans adhésifs sponsorise un concours appelé « Stuck at Prom » avec octroi de bourses d'études.
9. C'est une campagne de bouche à oreille qui a permis la résurrection de la série *Les Griffin* (qui avait été déprogrammée).
10. Zappos applique pour les chaussures une garantie d'un an avec retour possible sans justification. Je n'en reviens pas, bien que je n'aie jamais vu ma femme leur renvoyer le moindre article.

J'espère lire un de ces jours votre propre idée renversante dans un livre comme celui-ci !

Guy Kawasaki
blog.guykawasaki.com

REMERCIEMENTS

Tout ce dont je suis crédité aujourd'hui est en réalité la synthèse de l'œuvre généreuse et des idées intelligentes de plusieurs centaines de personnes très brillantes.

De 2004 à 2007, j'ai eu la chance d'être président de la Word of Mouth Marketing Association, au sein de laquelle tous ces gens extraordinaires travaillaient à faire passer le bouche à oreille d'une pratique occasionnelle marginale à une vraie activité professionnelle de marketing. J'ai eu ainsi l'opportunité de collaborer avec des spécialistes du marketing parmi les plus brillants au monde, de m'instruire à leur contact et d'innover avec eux. Je discutais avec eux toute la journée, leur apportant mon aide dans la mesure du possible et absorbant comme une éponge les idées astucieuses et nouvelles. Il est intéressant d'être pour quelque chose dans la naissance d'un mouvement.

De 2007 à aujourd'hui, j'ai eu le plaisir de travailler avec une équipe extraordinaire chez GasPedal. Notre équipe s'emploie tous les jours à parler aux gens du bouche à oreille. L'énergie et la créativité de ses membres ont été d'une grande aide pour un grand nombre de sociétés. La mission en valait la peine, et nous avons eu un impact bien au-delà de nos moyens. Nos clients et les membres de SocialMedia.org se sont montrés extraordinairement généreux de leur temps, de leurs idées et de leurs ressources. Je leur serai toujours reconnaissant de leur aide et de leur disposition à s'entraider.

Mon ami Peter Waldheim a passé avec moi plus d'heures au téléphone, à m'aider à traverser les crises et les moments de folie, que n'importe quelle personne sensée ne l'aurait fait, et je ne saurais exprimer combien j'ai apprécié cela.

Enfin, bien sûr, Julie Grisham, ma femme, mon amour, m'a soutenu et s'est montrée dévouée au-delà du raisonnable au cours de toutes ces années jalonnées de quelques galères avec des hauts et des bas dans mes entreprises. Tout ce que je fais, je ne peux le faire que grâce à sa générosité, à sa tolérance et à sa compréhension (sans compter qu'elle a un incroyable talent d'éditrice et qu'elle a consacré un temps considérable à rendre ce livre meilleur que ce que je n'aurais jamais pu en faire).

Salut Charlie ! Salut Ivy !

À PROPOS DE L'AUTEUR

Andy Sernovitz enseigne le marketing du bouche à oreille. Il est PDG de GasPedal, un cabinet de consultants spécialisé dans le bouche à oreille, et de SocialMedia.org, un forum de dirigeants de médias sociaux des plus grandes marques mondiales. Il a enseigné le marketing du bouche à oreille à l'université Northwestern et l'entrepreneuriat sur Internet à la Wharton School of Business, il a dirigé une pépinière d'entreprises et en a ainsi lancé une demi-douzaine. Il a créé la Word of Mouth Marketing Association et l'Association for Interactive Marketing.

TABLE DES MATIÈRES

Achevé d'imprimer en mai 2012 par la Nouvelle Imprimerie Laballery – 58500 Clamecy
Dépôt légal : juin 2012 - N° d'impression : 205012
Imprimé en France
La Nouvelle Imprimerie Laballery est titulaire de la marque Imprim'Vert®

Pour recevoir notre catalogue, merci de bien vouloir photocopier, recopier ou découper ce questionnaire et nous le retourner complété à :

Éditions Leduc.s
17 rue du Regard
75006 Paris

Vous pouvez aussi répondre au formulaire disponible sur Internet :

www.editionsleduc.com

NOM : ....

PRÉNOM : ....

ADRESSE : ....

....

CODE POSTAL : ....

VILLE : ....

PAYS : ....

ADRESSE@MAIL : ....

ÂGE : ....

PROFESSION : ....

Titre de l'ouvrage dans lequel est insérée cette page :

Le marketing du bouche à oreille

Lieu d'achat : ....

Avez-vous une suggestion à nous faire ?

....

....

....

....

À ....   LE ....

Conformément à la loi Informatique et Libertés du 6 janvier 1978, vous disposez d'un droit d'accès et de rectification aux données personnelles vous concernant.